# Caderno do Futuro

A evolução do caderno

## MATEMÁTICA

8º ano
ENSINO FUNDAMENTAL

3ª edição
São Paulo – 2013

Coleção Caderno do Futuro
Matemática
© IBEP, 2013

| | |
|---|---|
| **Diretor superintendente** | Jorge Yunes |
| **Gerente editorial** | Célia de Assis |
| **Editor** | Mizue Jyo |
| **Assistente editorial** | Edson Rodrigues |
| **Revisão** | Berenice Baeder |
| **Coordenadora de arte** | Karina Monteiro |
| **Assistente de arte** | Marilia Vilela |
| | Nane Carvalho |
| | Carla Almeida Freire |
| **Coordenadora de iconografia** | Maria do Céu Pires Passuello |
| **Assistente de iconografia** | Adriana Neves |
| | Wilson de Castilho |
| **Produção gráfica** | José Antônio Ferraz |
| **Assistente de produção gráfica** | Eliane M. M. Ferreira |
| **Projeto gráfico** | Departamento de Arte Ibep |
| **Capa** | Departamento de Arte Ibep |
| **Editoração eletrônica** | N-Publicações |

**CIP-BRASIL. CATALOGAÇÃO-NA-FONTE**
**SINDICATO NACIONAL DOS EDITORES DE LIVROS, RJ**

S58m
3. ed

Silva, Jorge Daniel
Matemática, 8º ano / Jorge Daniel da Silva, Valter dos Santos Fernandes, Orlando Donisete Mabelini. - 3. ed. - São Paulo : IBEP, 2013.
  il. ; 28 cm   (Caderno do futuro)

ISBN 978-85-342-3586-0 (aluno) - 978-85-342-3590-7 (professor)

  1. Matemática (Ensino fundamental) - Estudo e ensino.
I. Fernandes, Valter dos Santos. II. Mabelini, Orlando Donisete.
III. Título. IV. Série.

12-8693.                                CDD: 372.72
                                        CDU: 373.3.016:510

27.11.12   03.12.12                              041087

Impressão Leograf - Maio 2024

3ª edição – São Paulo – 2013
Todos os direitos reservados.

Av. Alexandre Mackenzie, 619 – Jaguaré
São Paulo – SP – 05322-000 – Brasil – Tel.: (11) 2799-7799
www.editoraibep.com.br – editoras@ibep-nacional.com.br

# SUMÁRIO

## CAPÍTULO 1 – CONJUNTOS NUMÉRICOS
1. Números racionais ..................4
2. Números irracionais..................4

## CAPÍTULO 2 – OPERAÇÕES EM R
1. Propriedades da adição e da multiplicação em R ..................7
2. Propriedades da potenciação ..................9

## CAPÍTULO 3 – VALOR NUMÉRICO E TERMO ALGÉBRICO
1. Valor numérico de uma expressão algébrica ..................12
2. Termo algébrico ..................14

## CAPÍTULO 4 – POLINÔMIOS
1. Monômio, binômio, trinômio e polinômio ..................16
2. Grau de um monômio ..................17
3. Grau de um polinômio ..................17

## CAPÍTULO 5 – OPERAÇÕES COM POLINÔMIOS
1. Adição e subtração de polinômios ..................21
2. Multiplicação de monômios ..................24
3. Multiplicação de monômio por polinômio ..................25
4. Multiplicação de polinômio por polinômio ..................26
5. Divisão de monômios ..................27
6. Divisão de polinômio por monômio ..................28
7. Divisão de polinômio por polinômio ..................29
8. Potenciação de monômios ..................30
9. Raiz quadrada de monômios ..................31

## CAPÍTULO 6 – PRODUTOS NOTÁVEIS
1. O quadrado da soma de dois termos $(a + b)^2$ ..................34
2. O quadrado da diferença de dois termos $(a - b)^2$ ..................35
3. O produto da soma pela diferença de dois termos ..................36

## CAPÍTULO 7 – FATORAÇÃO
1. Fator comum em evidência ..................38
2. Fatoração por agrupamento ..................39
3. Diferença de dois quadrados ..................39
4. Trinômio quadrado perfeito ..................40

## CAPÍTULO 8 – MDC E MMC DE POLINÔMIOS
1. Máximo divisor comum (mdc) ..................44
2. Mínimo múltiplo comum (mmc) ..................45

## CAPÍTULO 9 – FRAÇÕES ALGÉBRICAS
1. Simplificação de frações algébricas ..................47
2. Adição e subtração de frações algébricas ..................50
3. Multiplicação de frações algébricas ..................52
4. Divisão de frações algébricas ..................53
5. Potenciação de frações algébricas ..................54
6. Expressões com frações algébricas ..................55

## CAPÍTULO 10 – EQUAÇÕES FRACIONÁRIAS E LITERAIS
1. Equações fracionárias ..................58
2. Conjunto verdade ..................59
3. Equações literais ..................60

## CAPÍTULO 11 – GEOMETRIA
1. Ângulos formados por duas retas paralelas cortadas por uma reta transversal ..................63
2. Polígonos ..................70
3. Triângulo ..................71
4. Congruência de triângulos ..................76
5. Pontos notáveis de um triângulo ..................81
6. Condição de existência de um triângulo ..................82
7. Quadriláteros ..................83
8. Classificação dos quadriláteros ..................87
9. Soma das medidas dos ângulos internos dos polígonos ..................88
10. Polígono regular ..................91
11. Ângulo externo de um polígono regular ..................93
12. Semelhança de polígonos ..................96

# CAPÍTULO 1 – CONJUNTOS NUMÉRICOS

## 1. Números racionais

Já estudamos os seguintes conjuntos numéricos.

N: conjunto dos números naturais

N = {0, 1, 2, 3, ...}

Z: conjunto dos números inteiros

Z = {..., -3, -2, -1, 0, 1, 2, 3, ...}

Q: conjunto dos números racionais

$Q = \left\{ \dfrac{a}{b} \mid a \in Z \text{ e } b \in Z^* \right\}$

**Números racionais** são aqueles que podem ser representados como o quociente de dois números inteiros, com divisor diferente de zero. Exemplos:

a) $\dfrac{6}{2}$ ou 3    b) $\dfrac{12}{5}$ ou 2,4    c) $\dfrac{4}{3}$ ou 1,333...

## 2. Números irracionais

Vamos agora apresentar um novo conjunto, o dos números **irracionais**.

Números irracionais não podem ser representados como quociente de dois números inteiros, e sua representação decimal é infinita e não periódica.

O conjunto dos números irracionais é representado pela letra I.

Exemplos de números irracionais:

$\sqrt{2}$ = 1,4142135623...

$\sqrt{5}$ = 2,23606797749...

π = 3,14159265...

O conjunto formado pela união de todos esses conjuntos: N, Z, Q e I, é chamado conjunto dos **números reais**, representado pela letra R.

O conjunto dos números reais é comumente representado por meio do diagrama de Venn Euler, como mostra a figura.

**1.** Associe os símbolos da coluna da esquerda com seu respectivo conjunto, na coluna da direita.

a) Q ☐ números naturais

b) Z ☐ números racionais relativos

c) N ☐ números inteiros relativos

d) R ☐ números reais

**2.** Complete as lacunas escrevendo **racionais** ou **irracionais**.

a) Os números de representação decimal são _____.

b) Os números de representação decimal infinita e periódica são _____.

c) Os números de representação decimal infinita e não periódica são _____.

d) Os números naturais são _____.

e) Os números inteiros são _____.

f) As raízes não exatas são números _____.

g) As raízes exatas são números _____.

h) Os números _____ podem ser escritos em forma de fração.

i) Os números _____ não podem ser escritos em forma de fração.

**3.** Escreva **Q** para os racionais e **I** para os irracionais:

a) 2,5 ☐

b) 0,666... ☐

c) 3,2 ☐

d) 0,8 ☐

e) 2,236817... ☐

f) 7 ☐

g) 1,732168... ☐

h) 5,343434... ☐

i) $\sqrt{2}$ ☐

j) $\sqrt{3}$ ☐

k) $\sqrt{9}$ ☐

l) $\sqrt{16}$ ☐

**4.** Assinale com **X** somente os números que não são racionais.

a) $\sqrt{5}$ ☐

b) $\sqrt{6}$ ☐

c) $\sqrt{16}$ ☐

d) 0,8 ☐

e) 9 ☐

f) 2,449... ☐

g) 1,333... ☐

h) 0 ☐

i) $\sqrt{7}$ ☐

**5.** Escreva verdadeiro (**V**) ou falso (**F**).

a) 2,5 é um número racional. ☐

b) 2,5 é um número irracional. ☐

c) 2,5 é um número real. ☐

d) $\sqrt{2}$ é um número racional. ☐

e) $\sqrt{3}$ é um número irracional. ☐

f) $\sqrt{3}$ é um número real. ☐

**6.** Escreva convenientemente no diagrama os números:

$$3,\ -7,\ \frac{3}{5},\ -2,\ \frac{1}{4},\ 7,\ 0,\ -1,\ 8,\ 9,\ -9,\ -\frac{1}{2}$$

# CAPÍTULO 2 – OPERAÇÕES EM R

## 1. Propriedades da adição e da multiplicação em R

**Adição**

Sendo a, b e c números reais.

- Comutativa:
  a + b = b + a

- Elemento neutro:
  a + 0 = a = 0 + a

- Associativa:
  (a + b) + c = a + (b + c)

- Elemento inverso aditivo:
  a + (–a) = 0

**Multiplicação**

Sendo a, b e c números reais.

- Comutativa:
  a · b = b · a

- Elemento neutro:
  a · 1 = a = 1 · a

- Associativa:
  (a · b) · c = a · (b · c)

- Elemento inverso multiplicativo:
  a · $\frac{1}{a}$ = 1 (a ≠ 0)

- Distributiva da multiplicação em relação à adição:
  a · (b + c) = a · b + a · c

**1.** Assinale as alternativas em que foi aplicada a propriedade comutativa.

a) (2 + 5) + 3 = 2 + (5 + 3)  ☐

b) $\frac{1}{4} + \frac{2}{3} = \frac{2}{3} + \frac{1}{4}$  ☐

c) $\sqrt{7} + 0 = \sqrt{7}$  ☐

d) $\frac{1}{3} \cdot 3 = 1$  ☐

e) $\frac{3}{5} \cdot \frac{4}{7} = \frac{4}{7} \cdot \frac{3}{5}$  ☐

**2.** Assinale as alternativas em que foi aplicada a propriedade do elemento neutro.

a) $8 \cdot \frac{1}{8} = 1$  ☐

b) 15 · 1 = 15  ☐

c) $\frac{8}{3} + 0 = \frac{8}{3}$  ☐

d) a + x = x + a  ☐

e) $\sqrt{2} + 0 = \sqrt{2}$  ☐

**3.** Assinale as alternativas em que foi aplicada a propriedade associativa.

a) 3 + 2 = 2 + 3 ☐

b) $\frac{1}{3} + 0 = \frac{1}{3}$ ☐

c) 4 + (2 + 3) = (4 + 2) + 3 ☐

d) 8 · 1 = 8 ☐

e) (2 · 3) · 5 = 2 · (3 · 5) ☐

**4.** Escreva o nome da propriedade aplicada.

a) $\sqrt{5} + 0 = \sqrt{5}$

b) 3 · 4 = 4 · 3

c) 5 + (−5) = 0

d) $\frac{1}{3} \cdot 3 = 1$

e) 5 + 2 = 2 + 5

f) 5 · 2 = 2 · 5

g) $\sqrt{7} \cdot 1 = \sqrt{7}$

h) 8 + (−8) = 0

i) $\frac{5}{3} \cdot \frac{3}{5} = 1$

**5.** Aplique a propriedade distributiva e efetue quando possível.

a) 4 · (3 + 5) =

b) 2 · (a + b) =

c) 8 · (m + x) =

d) 5 · (2 + 14) =

e) a · (b + c) =

f) x · (3 + b) =

g) 8 · (2 + a) =

h) m · (x + y) =

i) a · (x + y) =

j) 3 · (4 + a) =

## 2. Propriedades da potenciação

Sejam a e b números reais e m e n números racionais:

a) $a^m \cdot a^n = a^{m+n}$

b) $a^m : a^n = a^{m-n}$ ($a \neq 0$)

c) $(a \cdot b)^m = a^m \cdot b^m$

d) $a^{-m} = \dfrac{1}{a^m}$ ($a \neq 0$)

e) $a^0 = 1$ ($a \neq 0$)

f) $(a^m)^n = a^{m \cdot n}$

g) $\sqrt[m]{a^n} = a^{\frac{m}{n}}$ ($a \geq 0$)

**6.** As letras apresentadas nesta atividade representam números reais. Desenvolva as operações com o auxílio das propriedades da potenciação.

a) $a^2 \cdot a^7 =$

b) $m^3 \cdot m =$

c) $y^5 \cdot y^5 =$

d) $8^5 \div 8^2 =$

e) $m^2 \div m =$

f) $m^5 \div m^2 =$

g) $a^5 \div a^5 =$

h) $(3^2)^5 =$

i) $(a^2)^6 =$

j) $5^{-3} =$

k) $8^3 \cdot 8^{-2} =$

l) $x^7 \cdot x^{-3} =$

m) $(m \cdot a)^2 =$

n) $(3 \cdot a)^3 =$

o) $x^5 \div x^2 =$

p) $a^{-3} =$

q) $2^{-4} =$

r) $(2 \cdot 5)^7 =$

s) $a^5 \div a^{-2} =$

t) $7^8 \div 7^{-3} =$

u) $2^{-3} =$

**7.** Escreva na forma de potência, com expoente fracionário.

> **Exemplo:** $\sqrt{2^3} = 2^{\frac{3}{2}}$

a) $\sqrt[5]{a^3} =$

b) $\sqrt[7]{x^2} =$

c) $\sqrt[3]{8^5} =$

d) $\sqrt{3^7} =$

e) $\sqrt{a} =$

f) $\sqrt{3} =$

g) $\sqrt{x} =$

h) $\sqrt[3]{m} =$

i) $\sqrt{7} =$

j) $\sqrt{5} =$

k) $\sqrt{7^2} =$

g) $7^{\frac{2}{5}} =$

h) $8^{\frac{1}{2}} =$

**8.** Agora, faça o processo inverso da atividade anterior: escreva na forma de radical.

i) $3^{\frac{1}{2}} =$

> Exemplo: $m^{\frac{3}{5}} = \sqrt[5]{m^3}$

a) $a^{\frac{7}{4}} =$

b) $x^{\frac{3}{7}} =$

c) $a^{\frac{1}{2}} =$

d) $b^{\frac{1}{2}} =$

e) $m^{\frac{1}{3}} =$

f) $5^{\frac{2}{3}} =$

j) $a^{\frac{3}{2}} =$

k) $x^{\frac{1}{7}} =$

# CAPÍTULO 3 – VALOR NUMÉRICO E TERMO ALGÉBRICO

## 1. Valor numérico de uma expressão algébrica

É o número que se obtém (resultado) quando substituímos as letras de uma expressão algébrica por determinados números e efetuamos as operações indicadas.

**Exemplo:**

A temperatura de uma estufa, em graus Celsius, é regulada em função do tempo t (horas) pela expressão $\frac{t^2}{2} - 4t + 10$.

Quando t = 6 h, qual é a temperatura atingida pela estufa?

$\frac{t^2}{2} - 4t + 10 = \frac{6^2}{2} - 4 \cdot 6 + 10 =$

$= \frac{36}{2} - 24 + 10 = 18 - 24 + 10 = 4$

O valor numérico da expressão que fornece a temperatura da estufa quando t = 6 h é o número 4.
Resposta: 4°C.

**1.** As letras apresentadas nesta atividade representam números reais. Calcule o valor numérico (V.N.) das expressões a seguir.

a) x + 7, para x = 5

V. N. =

b) 3x + a, para x = 5 e a = 2

V. N. =

c) 5a + 2b + c, para a = 2, b = 1 e c = 7

V. N. =

d) 3x – 2y, para x = 5 e y = 2

V. N. =

e) 4a + 2b – c, para a = 1, b = 3 e c = 5

V. N. =

f) a – b + 3c, para a = 1, b = 4 e c = 5

V. N. =

g) 7a – 2b, para a = 1 e b = 5

V. N. =

h) ab + c, para a = 2, b = 1 e c = 3

V. N. =

i) xy + 3x, para x = 3 e y = 2

V. N. =

j) abc + 2a, para a = 5, b = 2 e c = 3

V. N. =

k) $a^3 + 5b^2$, para a = 2 e b = 5

V. N. =

l) $b^2 - 4ac$, para a = 5, b = -3 e c = 2

V. N. =

m) $m^3 - 3m$, para m = 2

V. N. =

n) $\dfrac{a^2 + b^2}{c^2}$, para a = -3, b = -5 e c = -2

V. N. =

o) $b^2 - 4ac$, para b = -5, a = -1 e c = 6

V. N. =

p) ab + c, para a = -3, b = 3 e c = 2

V. N. =

q) $\dfrac{m^2 + 3x}{y^2}$, para m = -3, x = 2 e y = 7

V. N. =

r) $\dfrac{abc}{a + b}$, para a = -1, b = 2 e c = 3

V. N. =

s) $\dfrac{x^2y + x}{x - y}$, para x = -3, e y = 7

V. N. =

t) $x^2 - 4y$, para $x = -3$ e $y = -5$

V. N. =

u) $a^2 - 4mx$, para $a = -1$, $m = -2$ e $x = 3$

V. N. =

v) $\dfrac{ab + c}{a}$, para $a = -\dfrac{3}{2}$, $b = \dfrac{1}{4}$ e $c = -\dfrac{3}{5}$

V. N. =

## 2. Termo algébrico

**Termo algébrico** é composto por uma parte numérica (coeficiente) e por uma parte literal.

Exemplo: no termo algébrico $5x^2y$, o coeficiente é 5 e a parte literal é $x^2y$.

**2.** Complete.

a) $3x^2 \rightarrow$ coeficiente: ☐ ; parte literal: ☐

b) $-y \rightarrow$ coeficiente: ☐ ; parte literal: ☐

c) $7yz \rightarrow$ coeficiente: ☐ ; parte literal: ☐

d) $\dfrac{5}{2}x^3y^2 \rightarrow$ coeficiente: ☐ ; parte literal: ☐

e) $6ab \rightarrow$ coeficiente: ☐ ; parte literal: ☐

f) $-8y \rightarrow$ coeficiente: ☐ ; parte literal: ☐

g) $\dfrac{7x}{8} \rightarrow$ coeficiente: ☐ ; parte literal: ☐

h) $\dfrac{x}{7}$ → coeficiente: ☐ ; parte literal: ☐

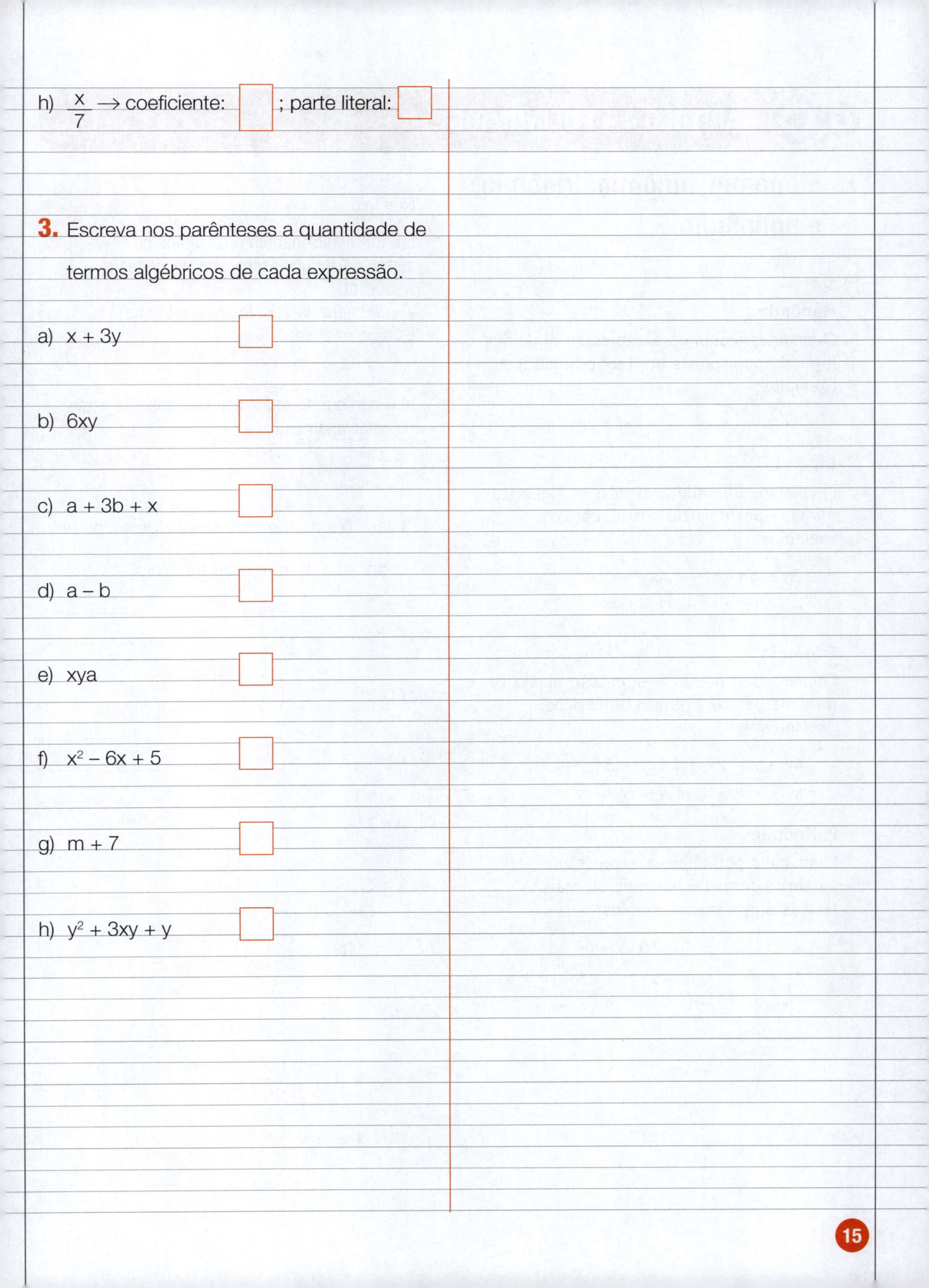

**3.** Escreva nos parênteses a quantidade de termos algébricos de cada expressão.

a) $x + 3y$  ☐

b) $6xy$  ☐

c) $a + 3b + x$  ☐

d) $a - b$  ☐

e) $xya$  ☐

f) $x^2 - 6x + 5$  ☐

g) $m + 7$  ☐

h) $y^2 + 3xy + y$  ☐

# CAPÍTULO 4 – POLINÔMIOS

## 1. Monômio, binômio, trinômio e polinômio

### Monômio
Chamamos monômio a expressão algébrica formada por apenas um termo algébrico.
Exemplos:

$2x \qquad 4xy \qquad x^2 \qquad 43y^3$

### Binômio
Chamamos binômio a expressão algébrica formada por dois termos algébricos.
Exemplos:

$2x + 5n \qquad 4xy^3 - 12$
$z - 7y^3 \qquad x^3y + x^2$

### Trinômio
Chamamos trinômio a expressão algébrica formada por três termos algébricos.
Exemplos:

$4y + z - 2x \qquad 4xy - 3z^3 + 4$
$x^2 + x + 3 \qquad 4 + 3y^3 - z$

### Polinômio
Chamamos polinômio a expressão algébrica formada por dois ou mais termos algébricos. Exemplos:

$x + y \qquad y^3 + 5 + z^2$
$3x + 4 \qquad zy^2 + z + x^3 + 12 + k$

**Exemplo:**

Em um estacionamento há motos (x) e carros (y). Vamos escrever o polinômio que representa:

a) o número de veículos que estão no estacionamento:

$x + y$

b) o número de rodas dos veículos que estão no estacionamento:

$2x + 4y$

**1.** Classifique as expressões algébricas em monômio, binômio ou trinômio.

a) $x + y$

b) $ab$

c) $m + x + 4$

d) $a + b$

e) $x + 3$

f) $x^2 + 10x - 6$

g) $m - 3$

h) $x + 4y$

i) $y^2 + 6xy + x$

j) $a - 5$

16

k) $x^2 + 4xy$ ☐

l) $3 + x^2$ ☐

m) $x^2 + 4x^3y + x$ ☐

n) $a - b$ ☐

o) $x^2 + 3x$ ☐

## 2. Grau de um monômio

> Grau de um monômio é a soma dos expoentes de todas as variáveis (letras) que formam a parte literal do monômio. Exemplo:
>
> O monômio $9x^3y$ tem grau 4, pois o expoente do x é 3 e o do y é 1. (3 + 1 = 4).

## 3. Grau de um polinômio

> Grau de um polinômio é o grau do termo algébrico de maior grau do polinômio. Exemplo:
>
> O polinômio $2x^2 + 5x - 4x^3$ tem grau 3, pois o termo algébrico de maior expoente é $4x^3$, e seu expoente é 3.

**2.** Escreva o grau dos monômios.

a) $3a^2b^5$     grau = ☐

b) $8x$     grau = ☐

c) $-7y$     grau = ☐

d) $9x^2y$     grau = ☐

e) $3xyz$     grau = ☐

f) $-8x^2yzb^5$     grau = ☐

g) $-u$     grau = ☐

h) $\dfrac{3m^2}{5}$     grau = ☐

i) $7xy$     grau = ☐

j) $10x$     grau = ☐

k) $6x^2$     grau = ☐

l) $18$     grau = ☐

**3.** Dê o grau dos polinômios.

a) $5x^2 - 3y$     grau = ☐

b) $7a^3 + 2a$     grau = ☐

c) $2x^2yz^3 + 7x^3y^5 - 4z$     grau = ☐

d) $3a + 7a^2b - 5a^3$     grau = ☐

e) $6xy^3 + 5x^2y^4 + 3xy$     grau = ☐

> **Monômios semelhantes** são aqueles que apresentam suas partes literais iguais.

**4.** Ligue os monômios apresentados na coluna da esquerda com monômios semelhantes, apresentados na coluna da direita.

4xy                5y

$x^2y$             7ab

$ab^3$             $5x^2y$

5ab                $10ab^3$

8y                 3xy

**5.** Assinale com X os itens que apresentam somente monômios semelhantes.

a) 3x, –x, $\dfrac{5x}{7}$ ☐

b) xy, 3xy, 6xy ☐

c) $7x^3y$, $8xy^3$ ☐

d) 8xy, 3x, 2xy ☐

e) 5ab, ab, 9ab ☐

f) 3a, 3ab, –a ☐

g) $7x^2y$, $x^2y$, $13x^2y$ ☐

h) $am^2$, $a^2m$ ☐

i) $ab^2c$, $acb^2$, $cb^2a$ ☐

j) 3ab, –2ba, 7ab ☐

k) 9, –6, 3 ☐

l) 8, $\dfrac{1}{5}$, –7 ☐

m) 2x, 4x, 8 ☐

**6.** Desenvolva as operações de modo a reduzir as expressões a termos semelhantes.

Exemplo: 4y + 6y = 10y

a) 2y + 6y =

b) 5b – 7b =

c) y + 3y + 5y – 2y =

d) $5x^2 - 6x^2 + 10x^2$ =

e) b + 6b – 5b – 8b =

f) $7x^3 - 10x^3 - 8x^3 + 2x^3$ =

g) 3a – 4a – 5a =

h) $a^2 - a^2 + 3a^2 - 3a^2$ =

i) 6x + 10x – 7x – 9x =

j) 3a + 10a – 12a =

k) x + y + 3x =

l)  $2a + 3b - 5a + 2b =$

m) $3x + 7x + 8y =$

n) $a + b + 3a + 5b =$

o) $6x^2 + 6x + 10x^2 =$

p) $3xy + 10x + 3xy =$

q) $a + ab + 3a =$

r) $6x^3 + 3x + 8x^3 =$

s) $a^2 + a + 5a =$

t) $x^2 + 3x^2 + x^2 =$

u) $-3x - 2x - x^2 =$

v) $6x + 4x - 8 =$

w) $\dfrac{x}{3} + \dfrac{y}{2} - x =$

x) $5a - 2b + \dfrac{3}{2}a + b =$

**7.** Assinale a alternativa correta.

1) O valor numérico de $b^2 - 4ac$, para $a = 1$, $b = 3$ e $c = 2$ é:

a) 1          c) 0

b) 17         d) –2

2) Sendo $x = 2$ e $y = 3$, o valor numérico de $5x + y$ é:

a) 10         c) 13

b) 5          d) 3

3) Para $a = 1$ e $b = 0$, o valor numérico de $4a + 5b$ é:

a) 9          c) 1

b) 5          d) 4

4) O valor numérico de $5x + 3y$, para $x = -2$ e $y = 5$, é:

a) 5          c) –5

b) 25         d) 15

5) O coeficiente de $3x^2y^3$ é:

a) 2          c) 5

b) 3          d) n. r. a.

6) O coeficiente de $\dfrac{x^2}{5}$ é:

   a) $\dfrac{1}{5}$    c) 2

   b) 5    d) n. r. a.

7) A expressão algébrica a + b é um:

   a) monômio    c) trinômio

   b) binômio    d) n. r. a.

8) A expressão algébrica $\dfrac{3x^2y}{5}$ é um:

   a) monômio    c) trinômio

   b) binômio    d) n. r. a.

9) A expressão algébrica $x^2 + 5x + 6$ é um:

   a) monômio    c) trinômio

   b) binômio    d) n. r. a.

10) O monômio $5x^3yz^2$ é de grau:

   a) 5    c) 7

   b) 6    d) n. r. a.

11) O polinômio $3xy + 4z^2x + 5x^2$ é de grau:

   a) 2    c) 1

   b) 3    d) 4

12) A expressão $3x + 5y - x + 2y$ é equivalente a:

   a) $3x + 7y$    c) $3x + 2y$

   b) $2x + 4y$    d) $2x + 7y$

# CAPÍTULO 5 – OPERAÇÕES COM POLINÔMIOS

## 1. Adição e subtração de polinômios

Uma fábrica de roupas (F) vende seus produtos em cinco pontos de venda: $P_1$, $P_2$, $P_3$, $P_4$ e $P_5$. Esses pontos estão separados entre si por distâncias (em km), medidas em linha reta, indicadas na figura.

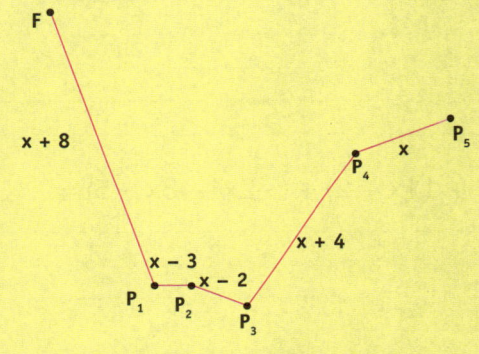

Podemos escrever o polinômio que expressa a distância desde a fábrica F até o ponto de venda $P_5$, passando por todos os pontos intermediários da seguinte maneira:

$x + 8 + x - 3 + x - 2 + x + 4 + x = 5x + 7$

**1.** Efetue:

a) $\phantom{+}5x + 2$
   $+\ 3x - 1$

b) $\phantom{+}2x + 3$
   $+ -7x + 4$

c) $\phantom{+}5x^2 - 7x + 10$
   $+ -3x^2 - 5x - 8$

d) $\phantom{+}12x^2 + 3x - 5$
   $+\ \phantom{1}x^2 + 7x + 9$

e) $\phantom{+}8x + 12$
   $+\ 2x + 5$

f) $\phantom{+}3x^2 - 8x$
   $+\ 8x^2 + 10x$

g) $\phantom{+}4x^2 - 5x + 11$
   $+\ 3x^2 \phantom{- 5x} - 15$

h) $\phantom{+}y^2 - 3y - 9$
   $+\ 2y^2 + y - 1$

**2.** Efetue eliminando os parênteses.

> Exemplo: $(5x^2) + (-2x^2) = 5x^2 - 2x^2 = 3x^2$

a) $(4x) + (7x) =$

b) $(5x) + (-8x) =$

c) $(10y) + (3y) =$

d) $(8a) + (-10a) =$

e) $(-2x^2) + (15x^2) =$

f) $(-3x^2) + (-4x^2) =$

g) $(12y) + (-y) =$

h) $(5a^3) + (-10a^3) =$

**3.** Efetue:

a) $(3x^2 + 9x - 5) + (2x^2 - 8x - 3) =$

b) $(7x^3 + 12x^2 - 4x + 3) + (-5x^2 + 7x - 4) =$

c) $(x^2 + 11x + 2) + (-2x^3 - 8x - 5) =$

d) $(3x^2 - 11x) + (-7x^2 + 12x + 9) =$

Ao eliminar os parênteses precedidos pelo sinal –, devemos trocar todos os sinais de dentro desses parênteses por seus opostos.

**4.** Efetue eliminando os parênteses.

a) $(5x^2 - 2x + 3) - (3x^2 - 7x + 5) =$

b) $(12x^2 + 9x - 10) - (10x^2 + 2x - 7) =$

c) $(-3x^2 - x + 3) - (4x^2 + 2x + 1) =$

d) $(7x^2 - 15x) - (-3x^2 + 3x - 9) =$

e) $(-5x^3 + 7x - 1) - (5x^2 + 9x - 7) =$

f) $(8a^2 + 3a - 6) - (-2a^3 - 9a - 6) =$

g) $(-12y^2 + 16y - 10) - (5y^2 - 12y + 20) =$

## 2. Multiplicação de monômios

Para multiplicar monômios, multiplicamos os coeficientes pelos coeficientes e a parte literal pela parte literal.

Exemplo:

Vamos escrever o monômio que expressa a área dessa figura em cm².

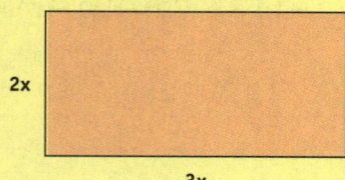

Área = base · altura = 3x · 2x

Área = (3 · 2) · (x · x) = (multiplicamos coeficiente com coeficiente e parte literal com parte literal)

Área = $6x^2$

A área da figura é $6x^2$ cm².

**5.** Determine a área deste retângulo.

**6.** Efetue as multiplicações.

a) $2 \cdot 3x =$

b) $5x \cdot 4x =$

c) $2a^3 \cdot a^2 =$

d) $3y^2 \cdot 5y^3 =$

e) $4x \cdot 2y =$

f) $2ab^2 \cdot 5a^2 =$

g) $3abc \cdot b^3c^2 =$

h) $5a^3 \cdot (-4a^2c) =$

i) $8x^2y^3 \cdot 2x^3y^2 =$

j) $8m^3n^2 \cdot 5m^5 =$

k) $\dfrac{2}{3} x^3y \cdot 5x^2z =$

l) $3 \cdot (-8xy) =$

m) $6x^2 \cdot 4x^3y =$

n) $5x^4y^2 \cdot 2x^3y =$

o) $(-2x^5) \cdot (-5x) =$

p) $(-4x^3) \cdot (-2x) =$

q) $5x \cdot 2x^3y \cdot 6x^5 =$

r) $3x^4 \cdot 6x =$

s) $12a^3b^2 \cdot 3ac \cdot 2bc^2 =$

## 3. Multiplicação de monômio por polinômio

> Multiplicamos o monômio por todos os termos do polinômio, ou seja, aplicamos a propriedade distributiva da multiplicação. Exemplo:
>
> $5x \cdot (2x^2 + 3x - 4) = 10x^3 + 15x^2 - 20x$

**7.** Efetue as multiplicações.

a) $3x(x^2 - 2x + 3) =$

b) $2(a^2 + 3a - 4) =$

c) $5a^2(a^3 - 2) =$

d) $4xy(3x^2 - y) =$

e) $3x^3(2x^2 + 7x - 8) =$

f) $7y^4(3y^6 - 2y^3 + y) =$

g) $2m(3m^2 - 5m + 7) =$

h) $4x^2(5x - 3) =$

i) $-6x(5x + 7x^2) =$

j) $5x^7(2x^5 - 3x) =$

k) $-3a^3(a^4 - 2a + 1) =$

l) $5a^2b^3(4a^3 - 2b^2) =$

m) $x^2y(x^2 - 3xy^2 + y^2) =$

n) $a(2x^3 - 3a) =$

## 4. Multiplicação de polinômio por polinômio

Aplicamos a propriedade distributiva da multiplicação. Multiplicamos cada termo de um polinômio por todos os termos do outro.

Exemplo:

$(2x - 3)(3x^2 + 4x - 5) =$

$= 6x^3 + 8x^2 - 10x - 9x^2 - 12x + 15$

Reduzindo a expressão aos termos semelhantes:

$6x^3 - x^2 - 22x + 15$.

**8.** Efetue as multiplicações de polinômios.

a) $(2x - 1) \cdot (3x^2 + 4x) =$

b) $(x + 1) \cdot (3x - 2) =$

c) $(a - 1) \cdot (a + 1) =$

d) $(x - 2) \cdot (x + 3) =$

e) $(3x + 5) \cdot (2x - 4) =$

f) $(x^2 + x) \cdot (2x - 5) =$

g) $(x + 2) \cdot (x^2 - 3x + 1) =$

h) $(5x - 3) \cdot (2x^2 + 4x - 3) =$

i) $(8x + 5) \cdot (x^2 + 9x + 5) =$

j) $(3x^2 - 10x + 5) \cdot (4x + 3) =$

## Disposição prática

> A multiplicação de polinômios também pode ser efetuada com esta disposição prática:
>
> $$\begin{array}{r} 3x^2 + 4x - 5 \\ \times \quad 2x - 3 \\ \hline 6x^3 + 8x^2 - 10x \\ -9x^2 - 12x + 15 \\ \hline 6x^3 - x^2 - 22x + 15 \end{array}$$

## 5. Divisão de monômios

> Dividimos coeficiente por coeficiente e parte literal por parte literal. Exemplo:
>
> $18x^4 \div 6x^2 =$ (escrevemos essa divisão como uma fração)
>
> $= \dfrac{18x^4}{6x^2} =$ (separamos os coeficientes e as partes literais em duas frações)
>
> $= \dfrac{18}{6} \cdot \dfrac{x^4}{x^2} = 6x^{4-2} =$ (resolvemos as frações com base nas propriedades da divisão em R)
>
> $= 6x^2$

**9.** Efetue as multiplicações de polinômios.

a) $\begin{array}{r} 2x^2 + 4x \\ \times \quad 3x \\ \hline \end{array}$

b) $\begin{array}{r} 3x^3 + x^2 - 4x \\ \times \quad x^2 + 3 \\ \hline \end{array}$

c) $\begin{array}{r} x^4 - 2x^2 + 8 \\ \times \quad x + 2 \\ \hline \end{array}$

d) $\begin{array}{r} 7x + 2 \\ \times \quad x^2 + 1 \\ \hline \end{array}$

**10.** Efetue as divisões de monômios.

a) $10x^5 \div 2x^3 = \boxed{\phantom{xx}}$

b) $25y^7 \div 5y^4 = \boxed{\phantom{xx}}$

c) $12a^5 \div 4a^3 = \boxed{\phantom{xx}}$

d) $20x^3 \div 10x^2 = \boxed{\phantom{xx}}$

e) $21x^3y^2 \div 7xy = \boxed{\phantom{xx}}$

f) $18a^4b^2 \div 6b^2 = \boxed{\phantom{xx}}$

g) $100xy^5 \div 20y^3 = \boxed{\phantom{xx}}$

h) $4x^2y^3 \div (-2xy) = \boxed{\phantom{xx}}$

i) $-11a^3 \div a^3 = \boxed{\phantom{xx}}$

j) $-15m^5 \div (-3m^2) = \boxed{\phantom{xx}}$

## 6. Divisão de polinômio por monômio

> Dividimos todos os termos do polinômio pelo monômio. Exemplo:
> $(9x^5 + 14x^3) \div (3x^2) =$ (escrevemos essa divisão como uma fração)
> $= \dfrac{9x^5 + 15x^3}{3x^2} =$
> $= \dfrac{9x^5}{3x^2} \times \dfrac{15x^3}{3x^2} =$
> $= 3x^3 + 5x$

**11.** Efetue as divisões.

a) $(15x^4 + 20x^3) \div (5x^2) =$

b) $(18y^5 - 12y^4) \div (6y^2) =$

c) $(8a^4 - 4a^2) \div (4a^2) =$

d) $(6m^3 + 9m^2) \div (-3m) =$

e) $(-14x^3 + 10x^2 - 8x) \div (2x) =$

f) $(30x^2y^2 + 20x^3y^3) \div (5xy) =$

g) $(12a^3 + 16a^2b) \div (4a) =$

h) $(9m^4n^2 - 15m^3) \div (-3m^2) =$

i) $(4a^3b^4 - 2a^4b^3) \div (-2a^2b^2) =$

j) $(11a^3x + 7a^4x - 5a^2x^2) \div (ax) =$

k) $(-28x^4 + 21x^3 - 7x^2) \div (-7x^2) =$

l) $(18x^2y^5 + 24x^3y^4 - 6x^2y2) \div (6x^2y^2) =$

## 7. Divisão de polinômio por polinômio

Observe a disposição prática para efetuar esta divisão de polinômios.

$(10x^2 - 23 + 12) \div (5x - 4)$

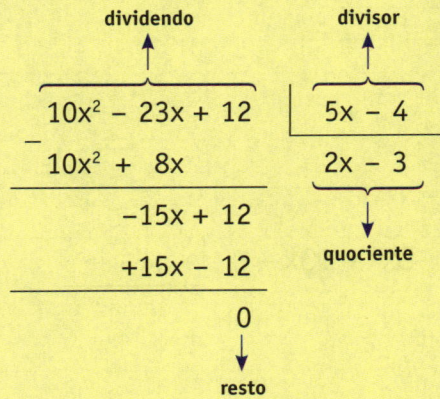

Portanto,

$(10x^2 - 23x + 12) \div (5x - 4) = 2x - 3$.

a) Divide-se $10x^2$ por $5x$, obtendo-se $2x$.

b) Multiplica-se $2x$ por $5x - 4$, e o produto $10x^2 - 8x$, com sinal trocado, foi adicionado algebricamente ao dividendo, obtendo-se $-15x + 12$.

c) Divide-se $-15x$ por $5x$, obtendo-se $-3$.

d) Multiplica-se $-3$ por $5x - 4$, e esse produto obtido, com sinal trocado, foi adicionado algebricamente a $-15x + 12$, obtendo-se resto zero.

**Importante:** O grau do resto é sempre menor que o grau do divisor, pois nem sempre o resto é zero.

**12.** Agora é a sua vez. Efetue.

a) $x^2 - 7x + 10$ | $x - 2$

b) $2x^2 - x - 15$ | $x - 3$

c) $12x^2 + 7x - 8$ | $x - 3$

d) $3x^3 - 8x^2 + 13x - 8$ | $x - 1$

e) $12x^3 - 2x^2 + 3x - 2$ | $4x^2 - 6x + 9$

f) $6x^3 - 25x^2 + 25x + 7$ | $3x^2 - 5x + 1$

g) $x^2 - 9x + 20$ | $x - 5$

h) $6x^2 + x - 40$ | $3x + 8$

i) $5x^2 + 11x - 3$ | $5x - 1$

j) $6x^3 - 5x^2 - 9x + 5$ | $3x + 2$

## 8. Potenciação de monômios

Elevamos o coeficiente e a parte literal à potência. Exemplos:
- $(5x)^2 = 5^2 x^2 = 25x^2$
- $(-3a^2b^3)^2 = (-3)^2 a^4 b^6 = 9a^4b^6$

**13.** Agora, calcule as potências.

a) $(7x)^2 =$

b) $(3x^2)^2 =$

c) $(2a)^3 =$

d) $(8y^5)^2 =$

e) $(10xy^3)^2 =$

f) $(-5a^3)^2 =$

g) $(-2x^5)^3 =$

h) $(3x^2y^3)^3 =$

i) $(-9mn^2)^2 =$

j) $(7x^2y^3z)^2 =$

k) $(-2xy^5)^2 =$

l) $(-3a^5b)^3 =$

## 9. Raiz quadrada de monômios

Vamos determinar a raiz quadrada do monômio $9x^{10}$.

$\sqrt{9x^{10}} =$ (separamos em duas raízes: o coeficiente e a parte literal)

$= \sqrt{9} \times \sqrt{x^{10}} =$

$= 3 \times x^{\frac{10}{2}} =$ (multiplicamos o coeficiente pela parte literal)

$= 3x^5$

**14.** Determine a raiz quadrada destes monômios.

a) $\sqrt{25a^4} =$

b) $\sqrt{4x^2} =$

c) $\sqrt{16m^2} =$

d) $\sqrt{25x^6} =$

e) $\sqrt{36x^4y^2} =$

f) $\sqrt{81a^2b^8} =$

g) $\sqrt{9x^2y^2} =$

h) $\sqrt{64a^2b^4c^8} =$

**15.** Desenvolva as expressões e assinale a alternativa que apresenta o resultado correto.

1) $(8x^3) + (-3x^3)$

a) $5x^6$   c) $5x^3$
b) $11x^3$   d) $11x^6$

2) $(x^2 + 7x + 5) + (-3x^2 - 5x + 2)$

a) $-2x^2 + 2x + 7$   c) $2x^2 + 12x + 7$
b) $-3x^2 + 2x + 7$   d) $3x^2 + 12x + 7$

3) $(7x^2 - 5x - 2) - (-2x^2 + 3x - 4)$

a) $5x^2 - 8x + 2$   c) $5x^2 - 2x + 2$
b) $9x^2 - 2x - 6$   d) $9x^2 - 8x + 2$

4) $(x^2 + 8x) - (3x - 5) + (2x^2 - 7x + 7)$

a) $2x^2 - 10x + 13$   c) $5x + 14$
b) $3x^2 - 2x + 12$   d) $4x^2 + 9x$

5) $(-2x^3y^2) \cdot (-5xy^3)$

a) $10x^3y^5$   c) $7x^2y^3$
b) $10x^4y^5$   d) $-10x^2y$

6) $7x^2y^3 \cdot (2x^3 - xy)$

a) $14x^5y^3 - 7x^2y^3$   c) $14x^5y^3 - 7x^3y^4$
b) $14x^5y^3 - xy$   d) $14x^5y^6 - x^3y^4$

7) $(4x - 3) \cdot (2x + 5)$

a) $8x^2 + 14x - 15$   c) $8x^2 - 14x + 8$
b) $8x^2 + 26x + 15$   d) $8x^2 - 8x + 15$

8) $(x^2 + x) \cdot (-x + 3)$

a) $-x^3 + 3x^2 + 3x$   c) $-x^2 + 2x + 3$
b) $x^3 - 2x + 3$   d) $-x^3 + 2x^2 + 3x$

9) $(32x^5y^2z) \div (4xy^2)$

a) $8x^5yz$   c) $8x^4z$
b) $8x^4yz$   d) $8x^5yz$

10) $(45m^4n^2 - 9mn) \div (9mn)$

a) $5m^4n^2 - 9$   c) $5m^3n$
b) $5m^3n - 1$   d) $5m^3n - 9mn$

11) $(x^2 - 9x + 14) \div (x - 2)$

a) $x + 5$   c) $x - 14$
b) $x + 2$   d) $x - 7$

12) $(x^2 - 6x + 9) \div (x - 3)$

a) $x^2 - 3$     c) $3x - 3$

b) $x + 3$     d) $x - 3$

13) $(6x^3 - 9x^2 - 33x + 18) \div (2x^2 - 7x + 3)$

a) $3x^2 + 6x$     c) $3x + 12$

b) $3x + 6$     d) $3x^2 - 6x$

14) $(-9x^3y^2)^2$

a) $-18x^6y^4$     c) $81x^6y^4$

b) $-81x^6y^4$     d) $18x^6y^4$

15) $(-3a^2b)^3$

a) $-27a^6b^3$     c) $27a^2b^3$

b) $-9a^6b^3$     d) $9a^8b$

16) $\sqrt{100x^2y^4}$

a) $50xy^2$     c) $10y^2$

b) $10xy^2$     d) $10x^2y^4$

17) $\sqrt{\dfrac{9}{4} a^8 b^2}$

a) $\dfrac{3}{4} a^4$     c) $\dfrac{3}{2} a^4 b$

b) $\dfrac{9}{2} a^4 b^2$     d) $\dfrac{3}{2} a^4$

# CAPÍTULO 6 – PRODUTOS NOTÁVEIS

## 1. O quadrado da soma de dois termos $(a + b)^2$

Para determinar o quadrado da soma de dois termos $(a + b)^2$, considere um quadrado de lado $a + b$.

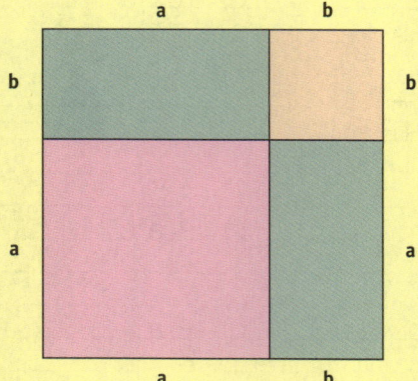

A área desse quadrado é dada pelo produto da medida de seus lados.

Área = $(a + b) \times (a + b)$

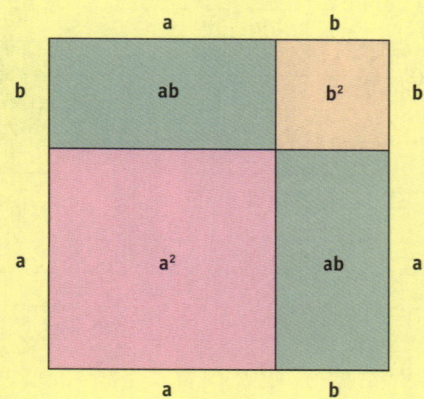

Somando as áreas parciais dos quadriláteros que formam o quadrado, obtemos a seguinte expressão:

Área = $a^2 + 2(ab) + b^2$

Logo, podemos concluir que:

$(a + b)^2 = a^2 + 2ab + b^2$

---

**1.** Complete.

a) $(2x + y)^2 =$

   $= (2x)^2 + 2 \cdot 2x \cdot y + \boxed{\phantom{xx}} =$

   $= 4x^2 + 4xy + \boxed{\phantom{xx}}$

b) $(a + 3)^2 =$

   $= \boxed{\phantom{xx}} + 2 \cdot a \cdot 3 + \boxed{\phantom{xx}} =$

   $= \boxed{\phantom{xx}} + \boxed{\phantom{xx}} + 9$

c) $(a + 4b)^2 =$

   $= \boxed{\phantom{xx}} + 2 \cdot a \cdot 4b + (4b)^2 =$

   $= \boxed{\phantom{xx}} + \boxed{\phantom{xx}} + 16b^2$

d) $(2x + 3y)^2 =$

   $= (2x)^2 + 2 \cdot 2x \boxed{\phantom{xx}} + \boxed{\phantom{xx}} =$

   $= \boxed{\phantom{xx}} + 12xy + \boxed{\phantom{xx}}$

**2.** Desenvolva os produtos notáveis.

a) $(x + y)^2 =$

b) $(a + 5)^2 =$

c) $(1 + m)^2 =$

d) $(x + 2)^2 =$

e) $(3x + 1)^2 =$

f) $(2y + 3)^2 =$

g) $(a + 3b)^2 =$

h) $(4x + 3y)^2 =$

i) $(a^2 + 7)^2 =$

j) $(4 + x^2)^2 =$

## 2. O quadrado da diferença de dois termos $(a - b)^2$

> O quadrado da diferença de dois termos resulta na seguinte expressão:
> $(a - b)^2 = a^2 - 2ab + b^2$

**3.** Desenvolva os produtos notáveis.

a) $(x - 3)^2 =$

b) $(a - 4)^2 =$

c) $(5 - y)^2 =$

d) $(m - 6)^2 =$

e) $(2x - 3)^2 =$

f) $(a - 4b)^2 =$

g) $(5x - 3)^2 =$

h) $(3a - 2b)^2 =$

i) $(x^2 - y^2)^2 =$

j) $(a^2 - 10)^2 =$

### 3. O produto da soma pela diferença de dois termos

$(a + b) \times (a - b) = a^2 - b^2$

quadrado do 1º termo    quadrado do 2º termo

**4.** Desenvolva os produtos da soma pela diferença.

a) $(x + 3) \cdot (x - 3) =$

b) $(a + 1) \cdot (a - 1) =$

c) $(5 + y) \cdot (5 - y) =$

d) $(m - 2) \cdot (m + 2) =$

e) $(2x + 3) \cdot (2x - 3) =$

f) $(x - 10y) \cdot (x + 10y) =$

g) $(x^2 + 1) \cdot (x^2 - 1) =$

h) $(2a + 3b^2) \cdot (2a - 3b^2) =$

i) $(5m - 7n) \cdot (5m + 7n) =$

j) $(1 - 8a^2) \cdot (1 + 8a^2) =$

**5.** Desenvolva os produtos notáveis.

a) $(x + 6)^2 =$

b) $(x - 9)^2 =$

c) $(x + 5) \cdot (x - 5) =$

d) $(2a - 5)^2 =$

e) $(7y + 1)^2 =$

f) $(b + a)(b - a) =$

g) $(3m - n)^2 =$

**6.** Assinale a alternativa correta.

1) $(x + 6)^2$ é igual a:

   a) $x^2 + 36$

   b) $x^2 - 36$

   c) $x^2 + 12x + 36$

   d) $x^2 + 6x + 36$

2) $(x - 8)^2$ é igual a:

   a) $x^2 + 8x + 16$

   b) $x^2 - 64$

   c) $x^2 - 16$

   d) $x^2 - 16x + 64$

3) $(2x - 1) \cdot (2x + 1)$ é igual a:

   a) $2x - 1$

   b) $4x^2 - 1$

   c) $4x^2 - 2$

   d) $2x + 1$

4) $(3y + 2x) \cdot (3y - 2x)$ é igual a:

   a) $9y^2 - 4x^2$

   b) $3y - 2x$

   c) $9y^2 + 4x^2$

   d) $9y - 2x$

5) $(9m - 7a) \cdot (9m + 7a)$ é igual a:

   a) $18m^2 - 14a^2$

   b) $81m^2 - 49a^2$

   c) $18m^2 + 14a^2$

   d) $81m^2 + 49a^2$

6) $(2m - 4)^2$ é igual a:

   a) $4m^2 - 16m + 16$

   b) $4m^2 - 8m + 16$

   c) $4m^2 + 16$

   d) $4m^2 - 16$

# CAPÍTULO 7 – FATORAÇÃO

## 1. Fator comum em evidência

**Exemplo 1**

4x + 6y – 8z

O fator comum é 2, que se determina pelo m.d.c. de 4, 6 e 8.

4x + 6y – 8z = 2 (2x + 3y – 4z)

**Atenção:** Divide-se cada termo pelo fator em evidência.

**Exemplo 2**

A figura representa um retângulo de base b e altura h.

O perímetro desse retângulo pode ser indicado de duas maneiras:

2b + 2h   ou   2 (b + h)

↓ polinômio

↓ forma fatorada do polinômio

**1.** Complete as igualdades de modo que o fator comum esteja evidenciado.

a) ab + ac = a (b + ☐ )

b) 5x + 5y = ☐ (x + y)

c) mx + my – mz = ☐ (x + ☐ – ☐ )

d) 3a + 3 = ☐ (a + 1)

e) $x^4 + x^3 + x^2 = x^2$ ( ☐ + ☐ + 1)

f) 2x + 4y + 6z = 2 ( ☐ + ☐ + ☐ )

g) $a^2b + a = a$ ( ☐ + ☐ )

h) 2ab + 4ac = 2a ( ☐ + ☐ )

i) $8x^2 + 12x = 4x$ ( ☐ + ☐ )

j) $3y^2 – 6y^3x + 9y = 3y$ ( ☐ )

**2.** Fatore.

a) 2x + 2y =

b) $5x^2 + 7x =$

c) $8m^2 – 4m =$

d) 9ax – 5ay =

e) $2x^3 – 4x^2 + 10x =$

f) $a^5 – a^4 + a^2 =$

g) $6x^2 + 3x – 12 =$

h) 4xy + 8xz + 12x =

i) 10am – 15bm + 20cm =

j) $x^3y^2 – x^4y^5 + x^2y^3 =$

## 2. Fatoração por agrupamento

Fatores comuns a e b

$ax + ay + bx + by =$

Fator comum $(x + y)$

$= a(x + y) + b(x + y) =$

$= (x + y) \cdot (a + b)$

**3.** Fatore as expressões.

a) $am + na + bm + bn =$

b) $xy - yz + wx - wz =$

c) $ax + bx + ay + by =$

d) $5ab + ac + 5bd + cd =$

e) $7x + 7y + ax + ay =$

## 3. Diferença de dois quadrados

$x^2 - 16$

$\sqrt{x^2} = x \quad \sqrt{16} = 4$

$\rightarrow x^2 - 16 = (x + 4) \cdot (x - 4)$

**4.** Fatore.

a) $x^2 - y^2 =$

b) $a^2 - 36 =$

c) $m^2 - 1 =$

d) $4x^2 - 9 =$

e) $100 - y^2 =$

f) $25x^2 - 4 =$

g) $9a^2 - 16b^2 =$

h) $a^4 - 25 =$

i) $81x^4 - 4 =$

j) $x^2y^2 - 1 =$

39

## 4. Trinômio quadrado perfeito

> Um trinômio é a expressão matemática composta por três termos.
>
> Um trinômio é quadrado perfeito quando há dois termos quadrados perfeitos (raiz quadrada exata), e o terceiro termo igual a duas vezes o produto das raízes quadradas dos outros dois, podendo ser positivo ou negativo.
>
> **Exemplo:**
>
> $a^2 + 2ab + b^2$    $a^2$ e $b^2$ são quadrados perfeitos.
>
> $\sqrt{a^2} = a$    $\sqrt{b^2} = b$
>
> $2 \cdot a \cdot b = 2ab$ (termo do meio)
>
> Logo:
>
> $a^2 + 2ab + b^2$
>
> é um trinômio quadrado perfeito.

**5.** Verifique se são trinômios quadrados perfeitos.

a) $x^2 + 6x + 9$

b) $x^2 - 10x + 25$

c) $9x^2 + 12x + 4$

d) $25x^2 + 20x + 1$

e) $x^2 + 14x + 36$

f) $a^2 - 4ab + 4b^2$

g) $16x^2 + 12x + 20$

h) $x^2 + 8x - 4$

**Fatoração de um trinômio quadrado perfeito**

Fatore os trinômios quadrados perfeitos:

a) $x^2 + 10x + 25$

$\sqrt{x^2} = x \qquad \sqrt{25} = 5$

$2 \cdot x \cdot 5 = 10x$ (termo do meio)

$x^2 + 10x + 25 = (x + 5)^2$

b) $4x^2 - 12x + 9$

$\sqrt{4x^2} = 2x \qquad \sqrt{9} = 3$

$2 \cdot 2x \cdot 3 = 12x$ (termo do meio)

$4x^2 - 12x + 9 = (2x - 3)^2$

**6.** Fatore os trinômios quadrados perfeitos.

a) $4x^2 + 12x + 9$

b) $x^2 - 14x + 49$

c) $y^2 + 2y + 1$

d) $a^2 - 20a + 100$

e) $1 + 2x + x^2$

f) $m^2 - 12m + 36$

g) $9x^2 + 12x + 4$

h) $4m^2 - 20m + 25$

i) $x^2 - 18x + 81$

41

j) $16y^2 - 8y + 1$

k) $9x^2 + 36xy + 36y^2$

l) $25a^2 + 60ab + 36b^2$

**7.** Fatore as expressões.

a) $3a + 6b =$

b) $x^2y + xz =$

c) $15m - 5m^2 =$

d) $x^2 - 36 =$

e) $9x^2 - 100 =$

f) $x^2 - 5x =$

g) $a^2 - 9b^2 =$

h) $x^2 - 8x + 16 =$

i) $a^2 + 2a + 1 =$

j) $y^2 - 16y + 64 =$

k) $9x^2 + 24x + 16 =$

l) $25 - b^2 =$

m) $ay + by + 2a + 2b =$

n) $3y + 3 + xy + x =$

o) $x^3 + x^2 + x =$

p) $4x^2 + 20xy + 25y^2 =$

# CAPÍTULO 8 – MDC E MMC DE POLINÔMIOS

## 1. Máximo divisor comum (mdc)

Para determinar o mdc de dois ou mais polinômios, primeiro escrevemos cada polinômio como um produto de fatores primos. Depois, observamos quais são os fatores comuns.

O mdc é o produto desses fatores, escritos com o menor expoente.

**Exemplos:**
Vamos determinar o mdc destes polinômios:

1) $4x^2y^5 \quad 6x^3y^3a \quad 10x^2y^4b$

$4x^2y^5 = \boxed{2} \cdot 2 \cdot \boxed{x^2y^3} \, y^2$
$6x^3y^3a = \boxed{2} \cdot 3 \cdot x \cdot \boxed{x^2y^3} \, a$
$10x^2y^4b = \boxed{2} \cdot 5 \cdot \boxed{x^2 \, y} \, y^3 \, b$

⎫ Polinômios escritos como um produto de fatores primos

Logo, o mdc desses polinômios é $2x^2y^3$, que corresponde ao produto dos fatores comuns tomados com os menores expoentes.

2) $x^2 - y^2$ e $x^2 + 2xy + y^2$

Escrevendo esses polinômios como produto de fatores primos:

$x^2 - y^2 = \boxed{(x+y)} \, (x-y)$
$x^2 + 2xy + y^2 = (x+y)^2 = \boxed{(x+y)} \, (x+y)$

Assim, o mdc desses polinômios é $(x+y)$.

**Atenção!** Se o mdc de dois ou mais polinômios é 1, então esses polinômios são primos entre si.

---

**1.** Calcule o mdc dos polinômios seguintes.

a) $6x$ e $12$

b) $3x^8y^3$ e $9xy^2$

c) $4x^7$ e $2x^8$

d) $3a + 3b$ e $a^2 + 2ab + b^2$

e) $3x - 6$ e $x^2 - 4$

f) $a^2 - b^2$ e $a + b$

g) $9x^2$ e $3x^3y^2$

h) $25 - a^2$ e $25 - 10a + a^2$

## 2. Mínimo múltiplo comum (mmc)

Para determinar o mmc de dois ou mais polinômios, primeiro escrevemos cada polinômio como um produto de fatores primos. Em seguida, tomamos de cada fator (comum e não comum) a maior potência e efetuamos o produto entre esses fatores.

Exemplos:
a) $8x^2y^3$ e $6x^3y^2z \longrightarrow$ mmc $= 24x^3y^3z$
   Veja:
   $8 = 2^3$
   $6 = 2 \cdot 3$ } $2^3 \cdot 3 = 8 \cdot 3 = 24$ (coeficiente do mmc)

b) $x^2 - 16$ e $2x + 8$
   mmc $= 2(x - 4)(x + 4)$
   Veja:
   $x^2 - 16 = (x + 4)(x - 4)$
   $2x + 8 = 2(x + 4)$
Fator comum: $x + 4$
Fatores não comuns: 2 e $(x - 4)$
mmc $= 2(x - 4)(x + 4)$

**2.** Determine o mmc dos seguintes polinômios.

a) 4 e 12a

b) 6x e 9x

c) $5x^2$ e 10x

d) $x^3$ e $x^2$

e) 5x e 7y

f) 3xy e $xy^2$

g) $4a^2b$ e $2a^3$

h) $3x^2y^4$ e $9x^3y^2$

i) $6x^2y$ e $24xz^4$

j) $5x^2$, $10xy^2$ e $2x^3z$

k) $2x$ e $x+3$

l) $3x$ e $3x+9$

m) $x+8$ e $x+1$

n) $x^2-a^2$ e $x+a$

o) $m-n$ e $m^2-n^2$

p) $x^2-36$ e $x+6$

q) $x^2-4$ e $3x+6$

r) $x^2-1$ e $x^2-2x+1$

s) $x^2-8x+16$ e $2x-8$

# CAPÍTULO 9 – FRAÇÕES ALGÉBRICAS

## 1. Simplificação de frações algébricas

Qual é a forma mais simples de se escrever a fração $\dfrac{2ab}{2a^2 - 2a}$?

$$\underbrace{\dfrac{2ab}{2a^2 - 2a}}_{\text{colocando o fator comum em evidência}} = \overbrace{\dfrac{2ab}{2a(a-1)}}^{\text{técnica do cancelamento}} = \dfrac{b}{a-1}$$

**1.** Simplifique as frações algébricas, supondo denominador diferente de zero.

a) $\dfrac{6a^2b}{4a} =$

b) $\dfrac{9x^3}{3x} =$

b) $\dfrac{7a^4b^3}{ab^2} =$

c) $\dfrac{4a + 8b}{4} =$

d) $\dfrac{x^2 - 49}{x + 7} =$

e) $\dfrac{5x + 10}{x^2 - 4} =$

f) $\dfrac{a^2 - b^2}{a - b} =$

**2.** Simplifique.

a) $\dfrac{16x^5}{8x^3} =$

47

g) $\dfrac{5a^2x}{15ay} =$

h) $\dfrac{20am^2}{8mn} =$

i) $\dfrac{24a^5bc}{16ab^2c^2} =$

j) $\dfrac{18a^5b^3c^2}{12a^3b^4c} =$

k) $\dfrac{x^3y^2z}{7ax^2z^3} =$

l) $\dfrac{15xy^2mn^5}{25x^3ymn^3} =$

> **Simplifique as frações supondo os denominadores diferentes de zero:**
>
> a) $\dfrac{x^2 - 25}{x + 5} = \dfrac{\cancel{(x+5)} \cdot (x-5)}{\cancel{(x+5)}} = x - 5$
>
> b) $\dfrac{a^2 + 2ab + b^2}{3a + 3b} = \dfrac{(a+b)^2}{3(a+b)} =$
>
> $= \dfrac{(a+b) \cdot \cancel{(a+b)}}{3 \cancel{(a+b)}} = \dfrac{a+b}{3}$

**3.** Simplifique as frações algébricas.

a) $\dfrac{x^2 - 4}{x + 3} =$

b) $\dfrac{x^2 - 9}{x - 3} =$

c) $\dfrac{x + 6}{x^2 - 36} =$

d) $\dfrac{2x - 4}{2a} =$

e) $\dfrac{5y + 10}{10x} =$

f) $\dfrac{2a - 2b}{5a - 5b} =$

g) $\dfrac{a^2 - ab}{a^2 - b^2} =$

h) $\dfrac{a^2 - 25}{a + 5} =$

i) $\dfrac{m^2 + 2m + 1}{m + 1} =$

j) $\dfrac{x^2 + 2x + y^2}{3x + 3y} =$

k) $\dfrac{9 - a^2}{9 + 3a} =$

l) $\dfrac{x^2 + 5x}{x + 5} =$

m) $\dfrac{x^2 - 3x}{2x - 6} =$

n) $\dfrac{x^2 + 4x}{x^2 - 16} =$

o) $\left[\dfrac{5x - 5}{x^2 - 2x + 1}\right] =$

p) $\dfrac{4x + 8}{x^2 + 4x + 4} =$

q) $\dfrac{a^2 + 6a + 9}{a^2 - 9} =$

r) $\dfrac{2x + 6y}{x^2 + 6xy + 9y^2} =$

s) $\dfrac{3a - 6b}{a - 2b} =$

t) $\dfrac{m^2 - n^2}{m^2 - 2mn + n^2} =$

## 2. Adição e subtração de frações algébricas

**Com denominadores iguais**
Adicionamos algebricamente os numeradores e conservamos o denominador comum. Se possível, simplificamos a fração obtida.

Exemplo:
Escreva a fração algébrica que representa o perímetro deste trapézio em metros. As letras representam números reais.

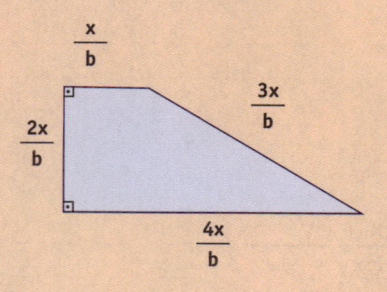

(trapézio com lados $\dfrac{x}{b}$, $\dfrac{3x}{b}$, $\dfrac{4x}{b}$, $\dfrac{2x}{b}$)

$\dfrac{x}{b} + \dfrac{2x}{b} + \dfrac{3x}{b} + \dfrac{4x}{b} = \dfrac{10x}{b}$

**4.** Escreva a fração algébrica que representa o perímetro das figuras.

a) retângulo com lados $5x$, $2x$, $5x$, $2x$

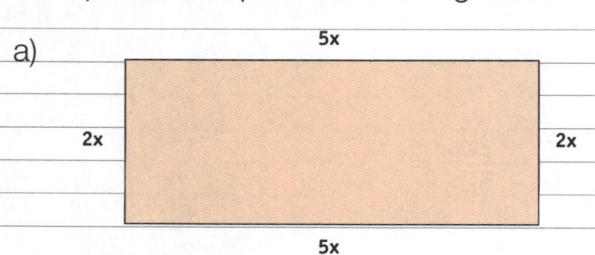

b) paralelogramo com lados $\dfrac{7x}{2}$, $\dfrac{5x}{2}$, $\dfrac{7x}{2}$, $\dfrac{5x}{2}$

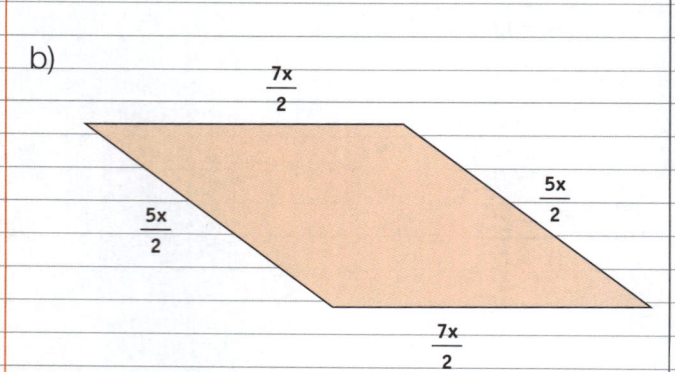

c) figura com lados $\dfrac{13x}{2}$, $\dfrac{5x}{2}$, $\dfrac{5x}{2}$, $\dfrac{3x}{2}$, $\dfrac{7x}{2}$

50

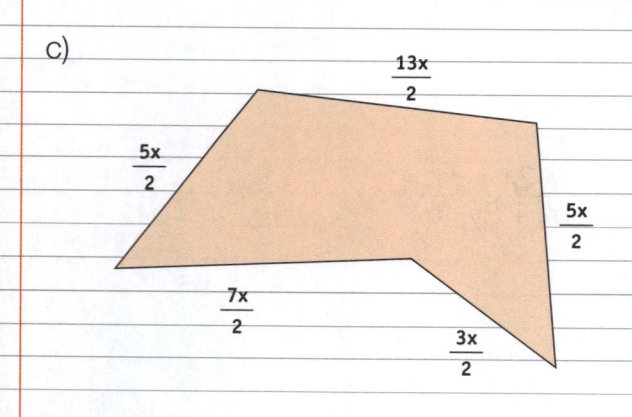

c)

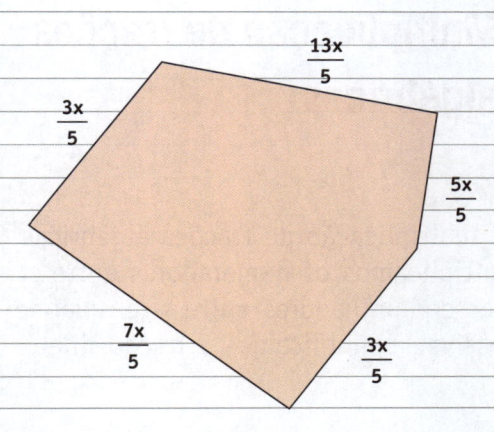

(pentágono com lados $\frac{3x}{5}$, $\frac{13x}{5}$, $\frac{5x}{5}$, $\frac{3x}{5}$, $\frac{7x}{5}$)

**5.** Efetue as operações.

a) $\dfrac{x}{2a} + \dfrac{5x}{2a} =$

b) $\dfrac{9b}{c} + \dfrac{5b}{c} =$

c) $\dfrac{3xy}{a^2} + \dfrac{8xy}{a^2} =$

d) $\dfrac{7mn}{y} - \dfrac{3mn}{y} =$

e) $\dfrac{x+2}{3x} + \dfrac{2x+5}{3x} =$

f) $\dfrac{4a+3}{7b} - \dfrac{2a}{7b} =$

g) $\dfrac{12xy}{ab} - \dfrac{3xy}{ab} + \dfrac{4xy}{ab} =$

h) $\dfrac{5a^2b}{a+1} + \dfrac{3a^2b}{a+1} - \dfrac{a^2b}{a+1} =$

i) $\dfrac{3y+2}{x^3} + \dfrac{y-3}{x^3} - \dfrac{5}{x^3} =$

**Com denominadores diferentes**

Basta reduzir as frações algébricas ao mesmo denominador, com o auxílio do mmc. Exemplo:

$\dfrac{8x}{3} + \dfrac{4x}{5} = \dfrac{40x + 12x}{15} = \dfrac{52x}{15}$

**6.** Efetue as operações.

a) $\dfrac{5}{3x} + \dfrac{7}{4x} =$

b) $\dfrac{y}{5a} - \dfrac{2y}{a} =$

c) $\dfrac{4}{3x} + \dfrac{a}{2y} =$

d) $\dfrac{a}{2y} + \dfrac{3}{xy} =$

e) $\dfrac{7}{x} + \dfrac{3}{x^2} - \dfrac{1}{2x} =$

51

f) $\dfrac{5}{3x} - \dfrac{1}{6x^2} + \dfrac{3}{4x} =$

g) $\dfrac{3m}{2b} + \dfrac{2m}{3b} + \dfrac{m}{b} =$

h) $\dfrac{x}{y} - \dfrac{3x}{y^2} + \dfrac{5x}{2y} =$

i) $\dfrac{a}{x} - \dfrac{3a}{5x} + \dfrac{2}{x^2} =$

## 3. Multiplicação de frações algébricas

Na multiplicação de frações algébricas multiplicamos os numeradores entre si e os denominadores entre si e, quando possível, simplificamos a fração final.

**Exemplo:**
Escreva a fração algébrica que representa a área do seguinte retângulo.

$\dfrac{2a^2}{7}$

$\dfrac{3b}{5}$

$\dfrac{2a^2}{7} \cdot \dfrac{3b}{5} = \dfrac{2a^2 \cdot 3b}{7 \cdot 5} = \dfrac{6a^2b}{35}$

**7.** Escreva as frações algébricas que representam as áreas dos seguintes retângulos.

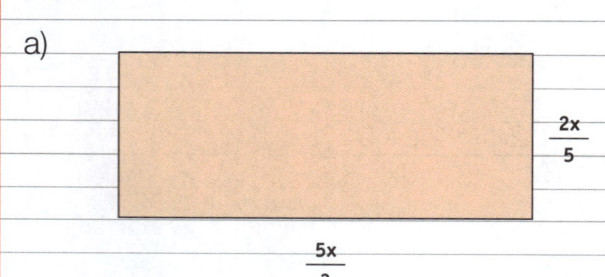

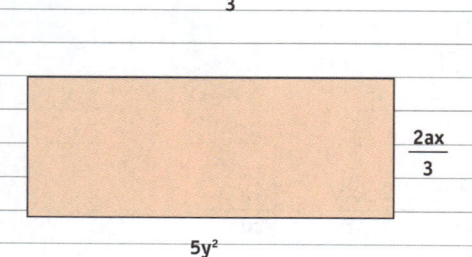

a)

$\dfrac{2x}{5}$

b)

$\dfrac{5x}{3}$

$\dfrac{2ax}{3}$

$\dfrac{5y^2}{7}$

**8.** Efetue as multiplicações.

a) $\dfrac{3}{x} \cdot \dfrac{5y}{2} =$

b) $\dfrac{4x^2}{2} \cdot \dfrac{3y}{5x} =$

c) $\dfrac{ab}{2} \cdot \dfrac{2a}{3} =$

d) $\dfrac{7}{2a} \cdot \dfrac{2y}{a} =$

e) $\dfrac{2m}{a^2} \cdot \dfrac{a^5}{m^2} =$

f) $\dfrac{5x^2}{7} \cdot \dfrac{x^3}{2y} =$

g) $\dfrac{2}{a} \cdot \dfrac{x+4}{a^2} =$

h) $\dfrac{3y}{4x} \cdot \dfrac{y-3}{x+2} =$

i) $\dfrac{2a}{3} \cdot \dfrac{6a^2}{5x} \cdot \dfrac{ab^3}{4} =$

## 4. Divisão de frações algébricas

Na divisão de frações algébricas, multiplicamos a primeira fração pelo inverso da segunda. Se possível, simplificamos o resultado.

Exemplo:

$$\dfrac{5x}{3y} \div \dfrac{12y^2}{5} = \dfrac{5x}{3y} \times \dfrac{5}{12y^2} = \dfrac{25x}{36y^3}$$

**9.** Efetue as divisões.

a) $\dfrac{x^2}{4} \div \dfrac{5x}{y} =$

b) $\dfrac{2x}{3} \div \dfrac{5y}{y} =$

c) $\dfrac{5}{a} \div \dfrac{a}{2} =$

d) $\dfrac{3m^2}{5} \div \dfrac{5m^2}{3a} =$

e) $\dfrac{8a}{4x} \div \dfrac{x}{3b} =$

f) $\dfrac{2x^2y}{7a} \div \dfrac{4xy^3}{a^2b} =$

g) $\dfrac{m^2n}{x} \div \dfrac{m}{x^2y} =$

h) $\dfrac{2x}{a} \div \dfrac{3}{x-2} =$

i) $\dfrac{x+3}{2} \div \dfrac{4y}{x+3} =$

## 5. Potenciação de frações algébricas

> Na potenciação de frações algébricas, elevamos o numerador e o denominador ao expoente que a fração está elevada.
>
> **Atenção:** na potência de uma potência, multiplicamos os expoentes.
>
> Exemplos:
>
> - $\left(\dfrac{3x}{2}\right)^3 = \dfrac{27x^3}{8}$
>
> - $\left(\dfrac{4x^3}{x^2}\right)^2 = \dfrac{16x^6}{x^4}$

**10.** Calcule:

a) $\left(\dfrac{5}{y}\right)^2 =$

b) $\left(\dfrac{4a^2}{b^3}\right)^2 =$

c) $\left(\dfrac{a^3b^2c}{7}\right)^2 =$

d) $\left(\dfrac{1}{x^2}\right)^3 =$

e) $\left(\dfrac{2a^3}{b^2}\right)^3 =$

f) $\left(\dfrac{a^2b}{x}\right)^5 =$

g) $\left(\dfrac{m^2n}{2a^4}\right)^2 =$

h) $\left(\dfrac{x^2y}{3a^2b}\right)^3 =$

i) $\left(\dfrac{y-1}{3}\right)^2 =$

j) $\left(\dfrac{x+5}{x-2}\right)^2 =$

k) $\left(\dfrac{m-n}{9}\right)^2 =$

l) $\left(\dfrac{a^2x}{2x+1}\right)^2 =$

d) $\dfrac{1}{a^2} - \dfrac{3}{a^2} + \dfrac{5}{a^2} =$

e) $\dfrac{5}{2x} - \dfrac{3}{x} + \dfrac{4}{3x} =$

f) $\dfrac{4}{3} + \dfrac{2}{x+2} =$

## 6. Expressões com frações algébricas

g) $\dfrac{1}{6a^2} + \dfrac{3}{2a} =$

h) $\dfrac{3}{3+a} + \dfrac{2}{3-a} =$

**Exemplo:**

$\dfrac{7}{2} - \dfrac{x+2}{4} = \dfrac{14-(x+2)}{4} =$

$= \dfrac{14-x-2}{4} = \dfrac{12-x}{4}$

**11.** Efetue.

a) $\dfrac{2y}{5} + \dfrac{8y}{5} + \dfrac{3y}{5} =$

i) $\dfrac{3}{x+2} - \dfrac{1}{x-2} =$

b) $\dfrac{4a}{b} - \dfrac{a}{b} =$

j) $\dfrac{2}{3a} + \dfrac{5}{6a^2} - \dfrac{4}{a} =$

c) $\dfrac{3a}{2} + \dfrac{5a}{3} =$

k) $\dfrac{6}{x} + \dfrac{y}{5} - \dfrac{3}{2x} =$

l) $\dfrac{y}{x} - \dfrac{x}{2y} + \dfrac{1}{3} =$

m) $\dfrac{4}{3} + \dfrac{2}{x+2} - \dfrac{1}{6} =$

n) $\dfrac{5}{2} - \dfrac{x+1}{4} =$

o) $\dfrac{3}{5} - \dfrac{2x-3}{2} =$

**12.** Calcule:

a) $\dfrac{5x}{4} \cdot \dfrac{3}{y} =$

b) $\dfrac{3a}{5b} \cdot \dfrac{15b^2}{a^2} =$

c) $\dfrac{7a}{2} \cdot \dfrac{1}{4} \cdot \dfrac{3}{2b} =$

d) $\dfrac{a+3}{5} \cdot \dfrac{2}{a-4} =$

e) $\dfrac{3}{m} \cdot \dfrac{2m^2}{21} \cdot \dfrac{5}{m} =$

f) $\dfrac{2x}{y} \cdot \dfrac{5y}{4} \cdot \dfrac{2}{x} =$

g) $\dfrac{x-3}{2} \cdot \dfrac{5}{x^2-6x+9} =$

h) $\dfrac{a+b}{a^2-b^2} \cdot \dfrac{3}{y} =$

i) $\dfrac{x^2}{8} \div \dfrac{4x}{10} =$

j) $\dfrac{5}{a^3} \div \dfrac{10}{a^2} =$

k) $\dfrac{x+7}{3} \div \dfrac{x+4}{2} =$

l) $\dfrac{2mn^3}{ab^3} \div \dfrac{m^3n}{a^3b} =$

m) $\left(\dfrac{x^4}{ay^2}\right)^3 =$

n) $\left(\dfrac{3mn^2}{5x^2}\right)^2 =$

o) $\left(\dfrac{y-5}{3a}\right)^2 =$

# CAPÍTULO 10 – EQUAÇÕES FRACIONÁRIAS E LITERAIS

## 1. Equações fracionárias

Equações fracionárias são aquelas em que a incógnita aparece no denominador da fração.
Chamamos de U (conjunto universo) o conjunto de todos os valores que a incógnita pode assumir. Chamamos de S (conjunto-solução) o conjunto dos valores de U que satisfazem a inequação.

**Domínio**

Lembre-se de que o denominador de uma fração é sempre diferente de zero.
Assim, retirando os valores que tornam a equação impossível, obtemos o conjunto denominado **domínio** da equação (D).

Exemplo:
Sabendo que o perímetro deste retângulo é igual a 4 cm, calcule o valor de x.

[retângulo com lados $\frac{1}{x}$ e $\frac{8}{5}$]

$2 \cdot \frac{1}{x} + 2 \cdot \frac{8}{5} = 4$

$\frac{2}{x} + \frac{16}{5} = 4 \rightarrow$ $D = R - \{0\}$

$\frac{10 + 16x}{5x} = 4$

$10 + 16x = 20x$

$20x - 16x = 10$

$4x = 10$

$x = \frac{10}{4}$

$x = 2,5$ cm

**1.** Determine o domínio das seguintes equações, sendo R o conjunto universo.

a) $\frac{2}{x} - \frac{1}{3} = 9$

b) $\frac{3}{2x} + 7 = \frac{1}{5}$

c) $\frac{3}{x-2} + \frac{1}{5} = 7$

d) $\frac{10}{x} + \frac{1}{5x} = \frac{3}{5}$

e) $\frac{9}{x-5} = \frac{12}{7} - \frac{8}{x+4}$

f) $\frac{11}{2x-6} + \frac{5}{3x} = \frac{1}{4}$

g) $\frac{5}{2x+4} + \frac{1}{x+9} = \frac{1}{8}$

## 2. Conjunto verdade

> Chamamos de conjunto verdade (V) a solução da equação apresentada.

**Exemplo:**

$\dfrac{3}{4} + \dfrac{1}{x} = 1 \qquad D = R - \{0\}$

m.m.c. = 4x

$\dfrac{3x + 4}{4x} = \dfrac{4x}{4x}$

Cancelando os denominadores:
3x + 4 = 4x
3x − 4x = − 4
− x = − 4
x = 4
Portanto, V = {4}.

**2.** Dado o domínio das equações, determine seu conjunto verdade.

a) $\dfrac{1}{2} + \dfrac{3}{x} = 2 \qquad D = R - \{0\}$

b) $\dfrac{3}{x} + \dfrac{7}{x} = 2 \qquad D = R - \{0\}$

c) $\dfrac{1}{3} + \dfrac{2}{x} = \dfrac{4}{6x} \qquad D = R - \{0\}$

d) $\dfrac{4}{x - 2} = \dfrac{5}{x + 4} \qquad D = R - \{2, -4\}$

e) $\dfrac{2}{x} - \dfrac{1}{6} = \dfrac{10}{3x} \qquad D = R - \{10\}$

f) $\dfrac{2}{x + 3} = \dfrac{1}{x - 1} \qquad D = R - \{-3, 1\}$

**Regra prática:** multiplique em cruz
2 · (x − 1) = 1 · (x + 3)

59

g) $\dfrac{3x}{2x+1} = \dfrac{1}{4}$    $D = R - \left\{-\dfrac{1}{2}\right\}$

h) $\dfrac{1}{x+4} + \dfrac{1}{x-5} = 0$    $D = R - \{-4, 5\}$

i) $\dfrac{5}{x-3} + \dfrac{2}{x+3} = \dfrac{16}{x^2-9}$    $D = R - \{3, -3\}$

j) $\dfrac{5}{x+2} + \dfrac{3}{x-2} = \dfrac{12}{x^2-4}$    $D = R - \{2, -2\}$

## 3. Equações literais

**Equações literais** são caracterizadas pela existência de uma ou mais letras além da incógnita.

Exemplo:

1) Apresente o conjunto verdade (V) das seguintes equações:

a) $2x + 3a = 8a$
   $2x = 8a - 3a$
   $2x = 5a$
   $x = \dfrac{5a}{2}$    $V = \left\{\dfrac{5a}{2}\right\}$

b) $5x + mx = 7b$
   $x(5 + m) = 7b$
   $x = \dfrac{7b}{5+m}$

Para não anular o denominador, devemos ter $5 + m \neq 0$, ou seja, $m \neq -5$:

$x = \left\{\dfrac{7b}{5+m}\right\}$ ; $m \neq -5$

**3.** Apresente o conjunto verdade (V) das equações.

a) $x + 3b = 5b$

b) $8a + 3x = 11a$

60

c) $mx + 2b = 10b$

d) $5m + bx = 2m$

e) $3m + 3x = 6m - 2x$

f) $ax + 2m = mx + 5a$

g) $3(m + x) = 2(x - 3m)$

h) $3a + 2x = 3mx + 9b$

i) $\dfrac{x}{m} = \dfrac{x}{n} = 3$; $m \neq 0$ e $n \neq 0$

j) $\dfrac{5a}{x+3} = \dfrac{7}{x-3}$; $x \neq -3$; e $x \neq 3$

k) $\dfrac{a}{x+2} = \dfrac{b}{x-3}$; $x \neq -2$; e $x \neq 3$

l) $\dfrac{x-a}{2} + \dfrac{b-x}{3} = \dfrac{c}{6}$

## CAPÍTULO 11 – GEOMETRIA

## 1. Ângulos formados por duas retas paralelas cortadas por uma reta transversal

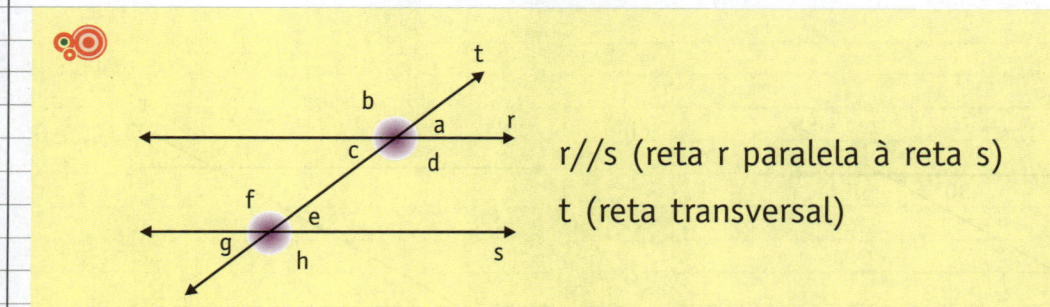

r//s (reta r paralela à reta s)

t (reta transversal)

### Ângulos alternos internos

Dois ângulos alternos internos, formados por duas retas paralelas e uma transversal, são congruentes.

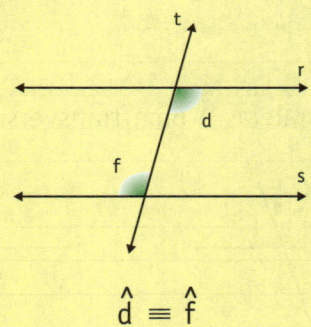

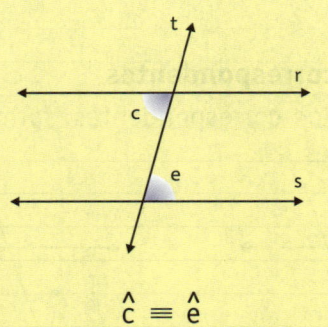

$\hat{d} \equiv \hat{f}$

$\hat{c} \equiv \hat{e}$

### Ângulos alternos externos

Dois ângulos alternos externos, formados por duas retas paralelas e uma transversal, são congruentes.

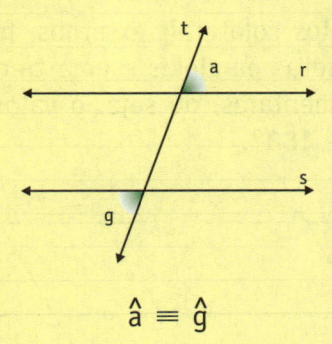

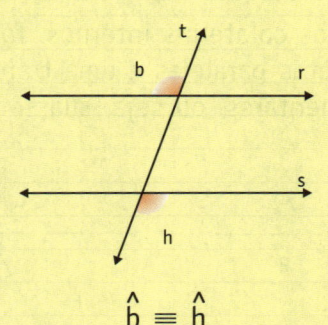

$\hat{a} \equiv \hat{g}$

$\hat{b} \equiv \hat{h}$

**1.** Determine a medida dos ângulos assinalados, sem o auxílio do transferidor.

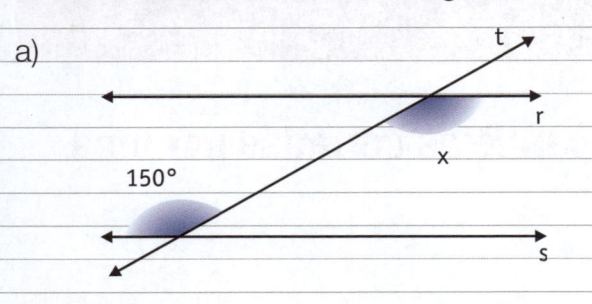

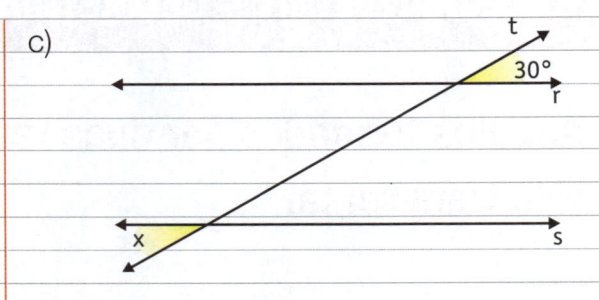

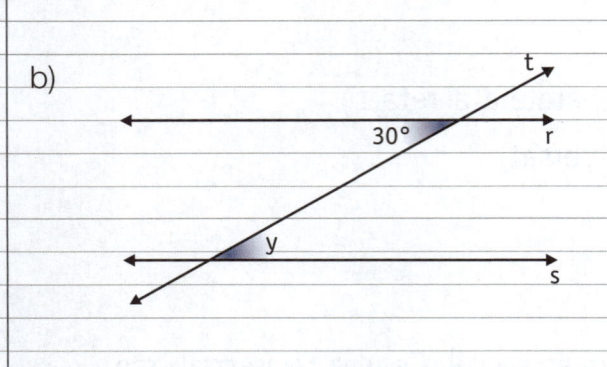

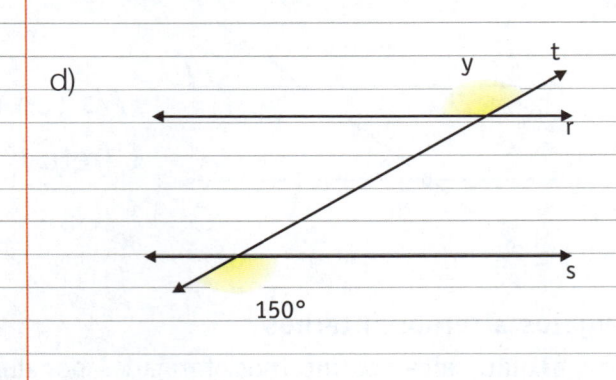

a) 150°, x

b) 30°, y

c) 30°, x

d) y, 150°

---

### Ângulos correspondentes

Dois ângulos correspondentes, formados por duas retas paralelas e uma transversal, são congruentes.

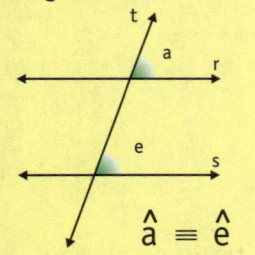

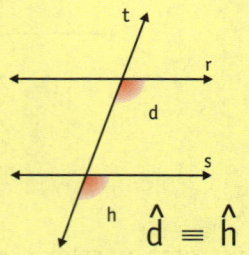

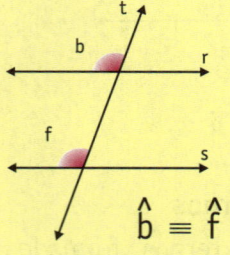

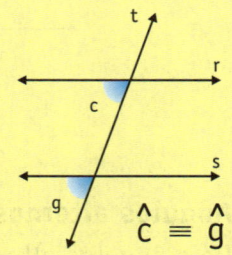

$\hat{a} \equiv \hat{e}$ 　　 $\hat{d} \equiv \hat{h}$ 　　 $\hat{b} \equiv \hat{f}$ 　　 $\hat{c} \equiv \hat{g}$

### Ângulos colaterais internos

Dois ângulos colaterais internos, formados por duas retas paralelas e uma transversal, são suplementares, ou seja, sua soma vale 180°.

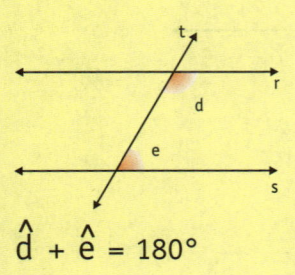

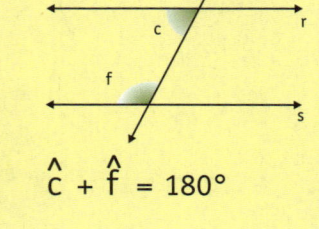

$\hat{d} + \hat{e} = 180°$ 　　 $\hat{c} + \hat{f} = 180°$

### Ângulos colaterais externos

Dois ângulos colaterais externos, formados por duas retas paralelas e uma transversal, são suplementares, ou seja, o valor de sua soma é de 180°.

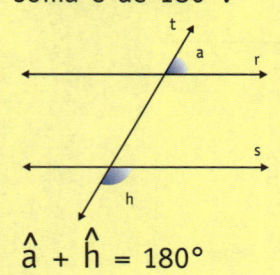

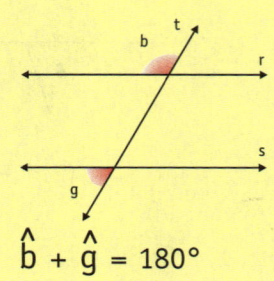

$\hat{a} + \hat{h} = 180°$ 　　 $\hat{b} + \hat{g} = 180°$

64

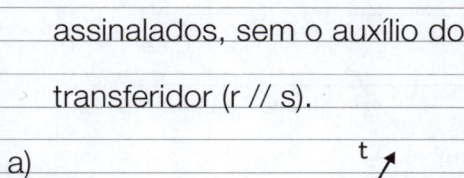

**2.** Determine a medida dos ângulos assinalados, sem o auxílio do transferidor (r // s).

a) 60°, x

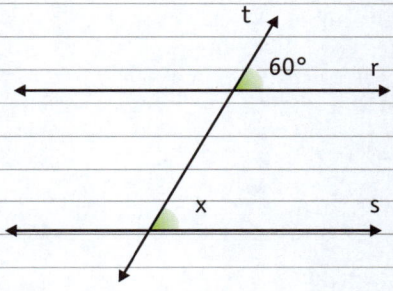

b) y, 120°

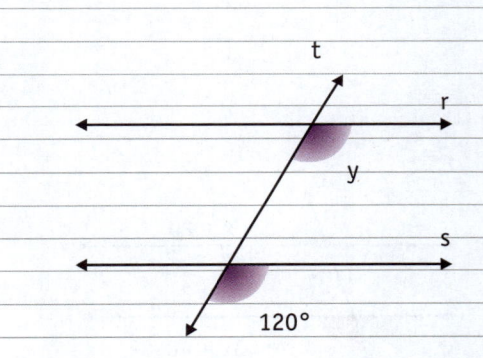

c) x, 70°

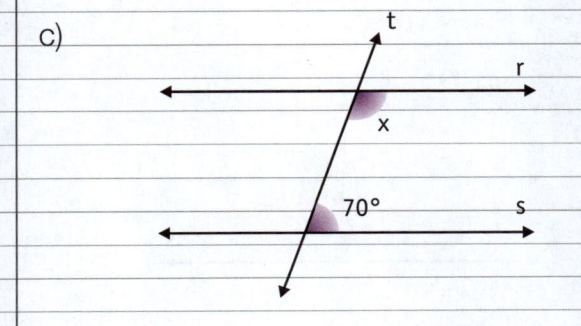

d) 80°, y

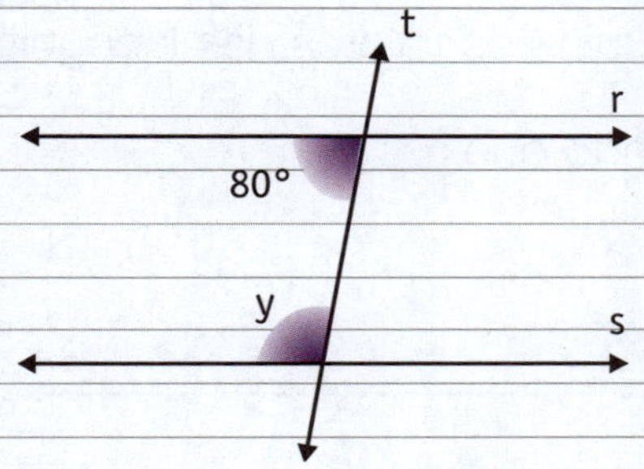

**3.** Determine a medida dos ângulos assinalados (r // s).

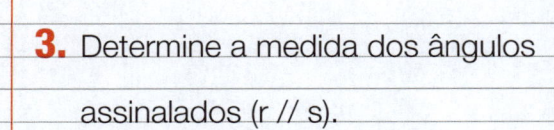

a) a, 110°

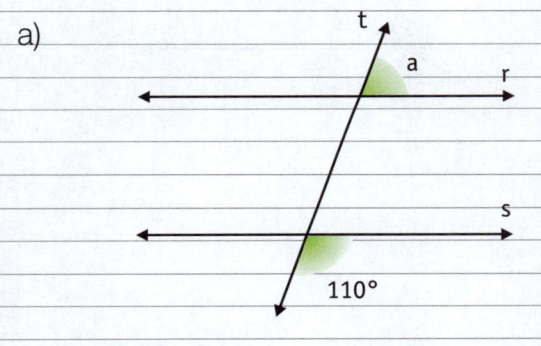

b) 120°, x

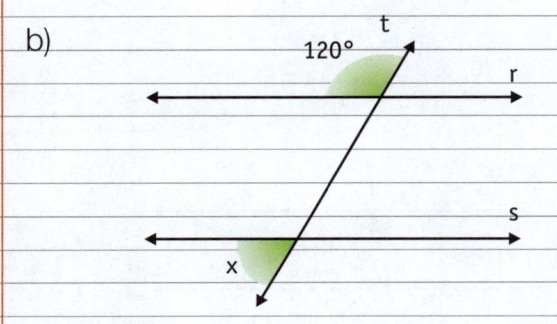

**4.** Determine os valores das incógnitas, sabendo que r // s.

a) 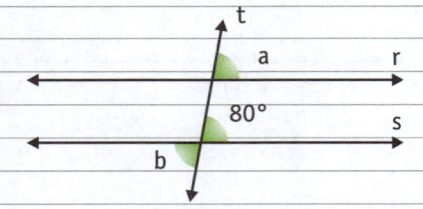 
- a
- 80°
- b

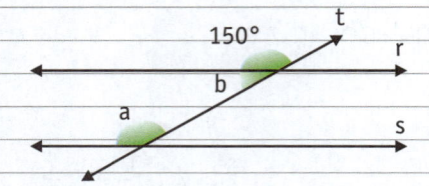

b)
- 150°
- b
- a

c)
- a
- b
- 120°

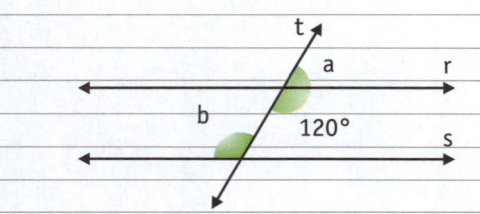

d)
- 100°
- a = x + 30°

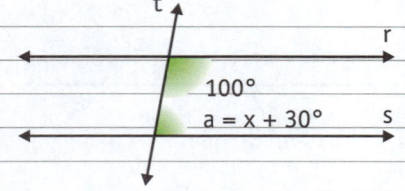

e)
- a
- 130°
- b = x + 60°

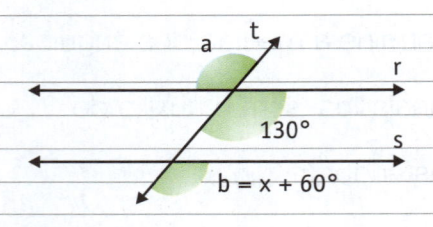

f)
- a = 2x + 50°
- b = x + 80°

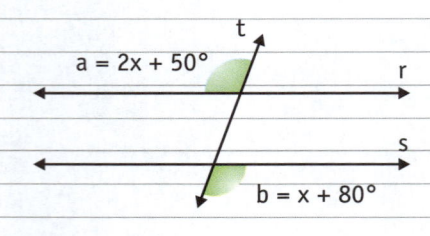

g)
- a = x + 20°
- b = 3x − 40°

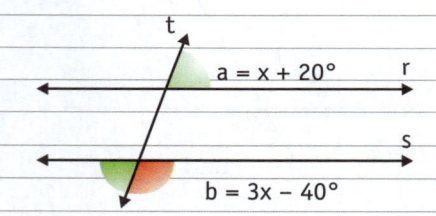

h)
- a
- 70°
- b

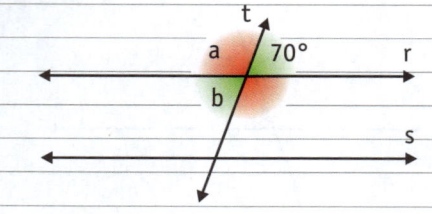

**5.** Sendo r // s, calcule o valor de x:

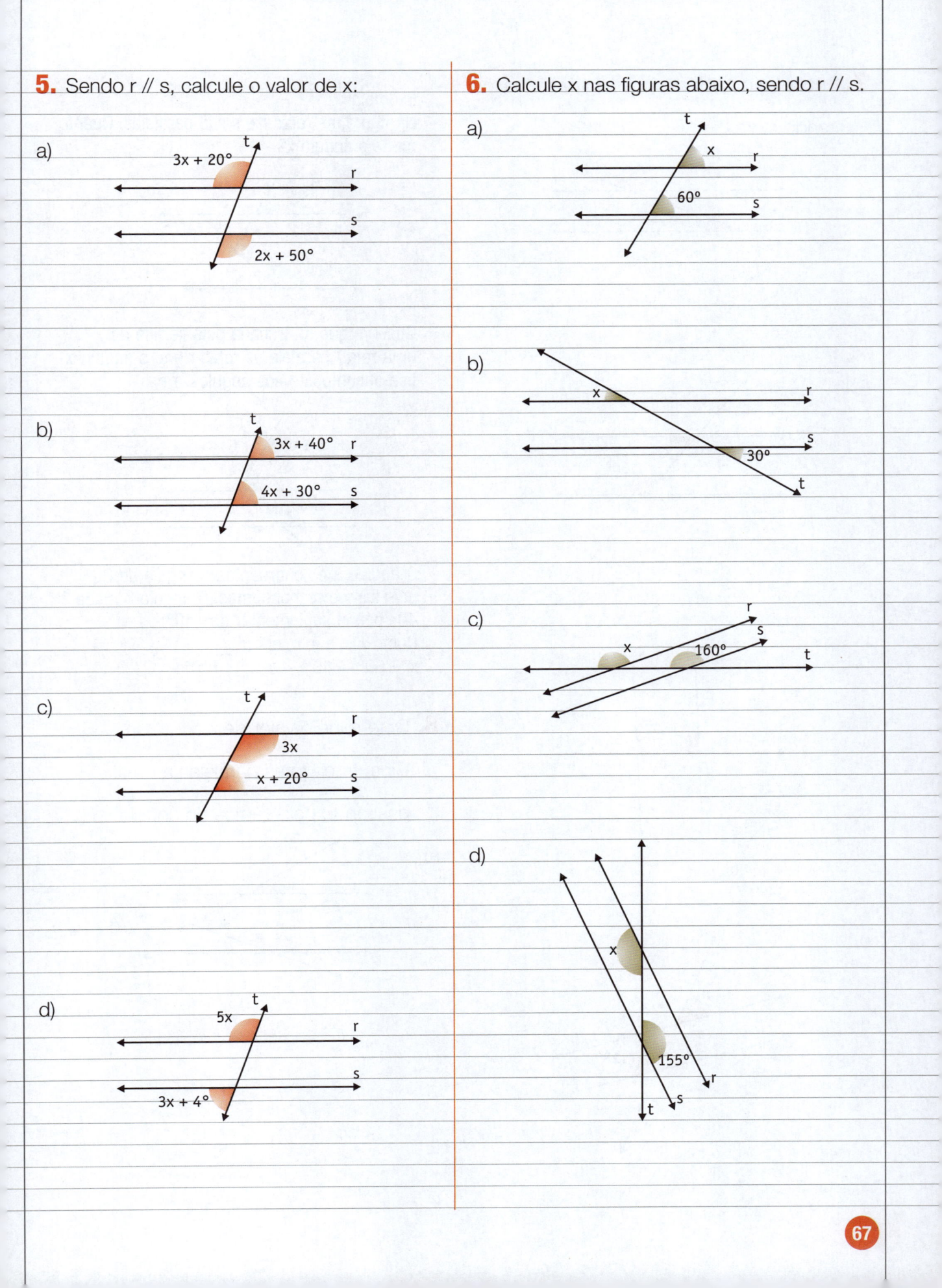

a) $3x + 20°$ ; $2x + 50°$

b) $3x + 40°$ ; $4x + 30°$

c) $3x$ ; $x + 20°$

d) $5x$ ; $3x + 4°$

**6.** Calcule x nas figuras abaixo, sendo r // s.

a) $x$ ; $60°$

b) $x$ ; $30°$

c) $x$ ; $160°$

d) $x$ ; $155°$

**7.** Encontre o valor de x nas figuras abaixo, sendo r // s.

a)

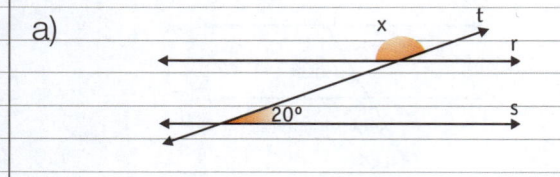

b)

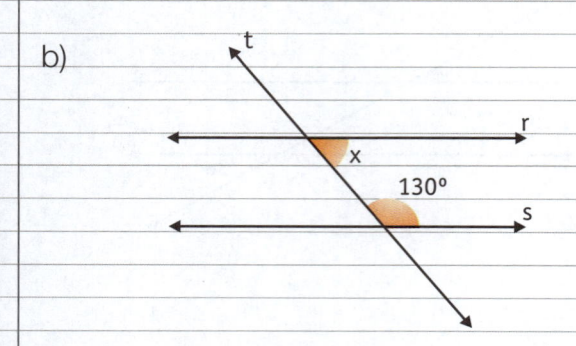

c)

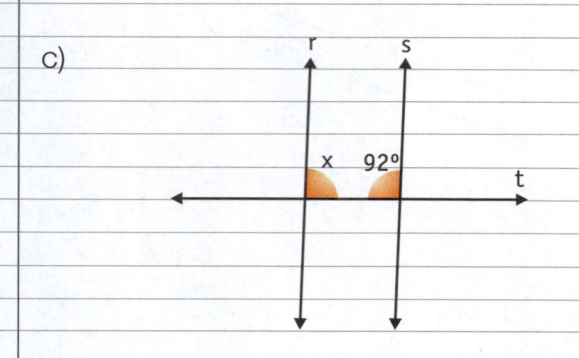

d)

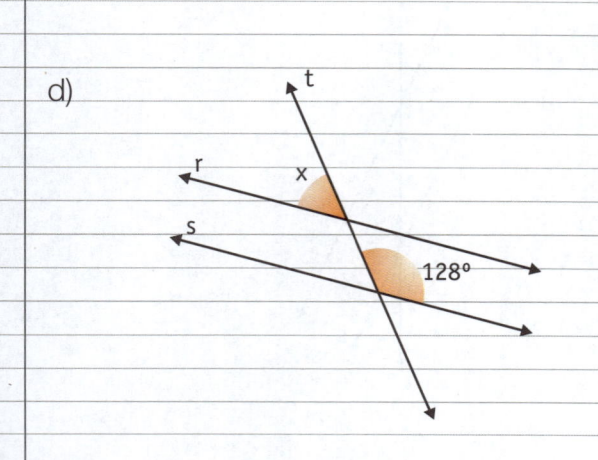

**Exemplo:**
Na figura, as retas r e s são paralelas. Quanto mede o ângulo x?

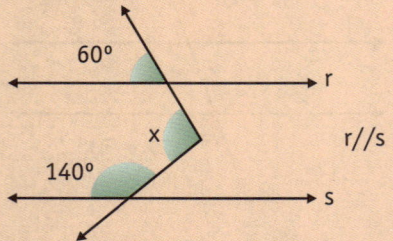

Observe que foi traçada pelo vértice de $\hat{x}$ uma reta t paralela às retas r e s; o ângulo $\hat{x}$ fica decomposto nos ângulos $\hat{a}$ e $\hat{b}$:

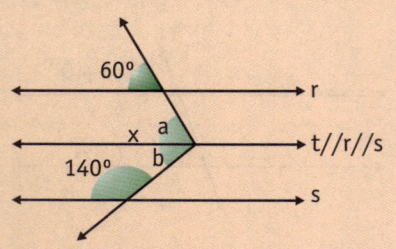

O ângulo a é congruente ao ângulo de 60°, pois são correspondentes. O ângulo b mede 40° pois é suplementar de 140°.
Como x = a + b, então:
x = 60° + 40° ⟶ x = 100°.

**8.** Determine o valor de x.

Dica: trace retas paralelas a r e s, passando pelo vértice do ângulo x.

a)

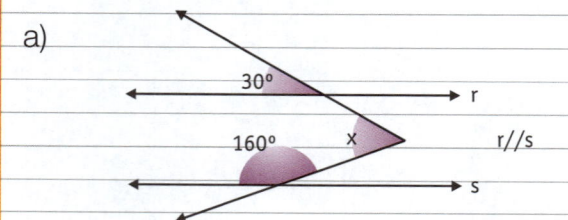

b) 160°, x, 30°, r//s

c) 45°, x, 120°, r//s

d) 120°, x, 45°, r//s

**9.** Determine o valor de x.

Dica: trace retas paralelas a r e s, passando pelos vértices dos ângulos x e de 90°.

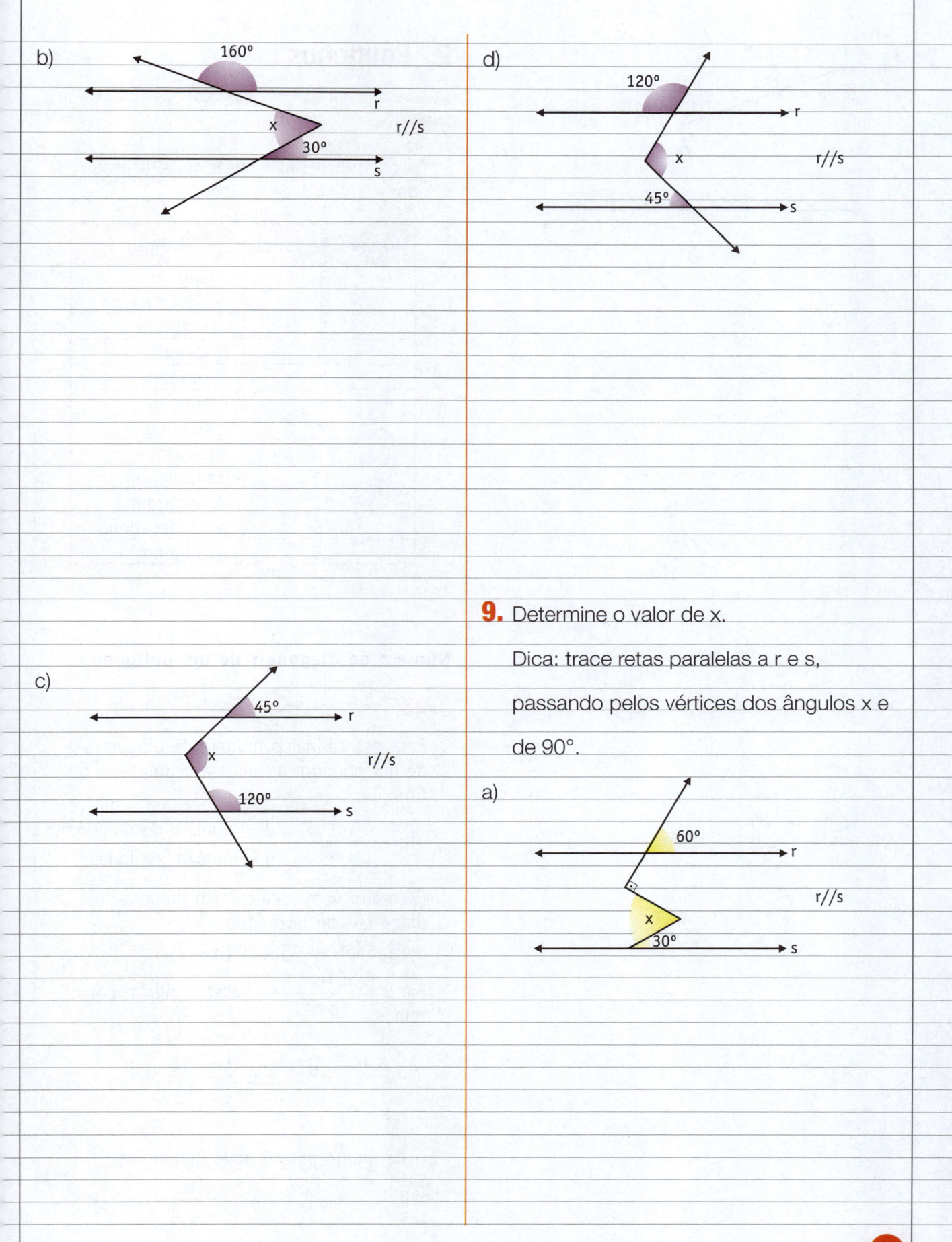

a) 60°, x, 30°, r//s

b) 160°, r, r//s, x, 40°, s

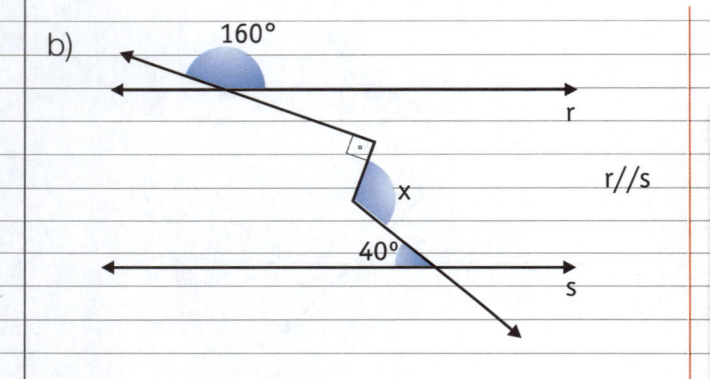

## 2. Polígonos

Os polígonos são nomeados de acordo com a quantidade de lados.

| Número de lados | Nome |
|---|---|
| 3 | triângulo |
| 4 | quadrilátero |
| 5 | pentágono |
| 6 | hexágono |
| 7 | heptágono |
| 8 | octógono |
| 9 | eneágono |
| 10 | decágono |
| 11 | undecágono |
| 12 | dodecágono |
| 15 | pentadecágono |
| 20 | icoságono |

**Número de diagonais de um polígono**

Para determinar o número de diagonais de um polígono usamos a seguinte fórmula:

$$d = \frac{n(n-3)}{2}$$

d → número de diagonais
n → número de lados

Exemplo: vamos calcular o número de diagonais do hexágono.

hexágono ⟶ 6 lados (n = 6)

Em $d = \frac{n(n-3)}{2}$, substituindo n por 6 temos:

$$d = \frac{6(6-3)}{2} = \frac{6 \cdot 3}{2} = \frac{18}{2} = 9$$

d = 9

O hexágono possui nove diagonais.

**10.** Calcule o número de diagonais de um:

a) quadrilátero

b) decágono

c) dodecágono

d) heptágono

e) eneágono

f) triângulo;

g) icoságono

h) pentágono

## 3. Triângulo

**Soma das medidas dos ângulos internos**

A soma das medidas dos ângulos internos de um triângulo é 180°.

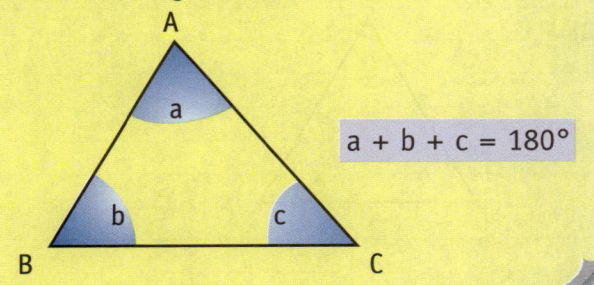

$a + b + c = 180°$

Exemplo:
Vamos calcular o valor de x no triângulo.

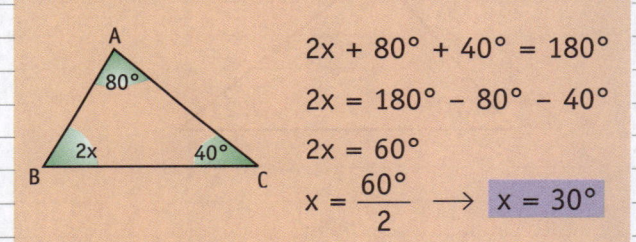

$2x + 80° + 40° = 180°$

$2x = 180° - 80° - 40°$

$2x = 60°$

$x = \dfrac{60°}{2} \rightarrow x = 30°$

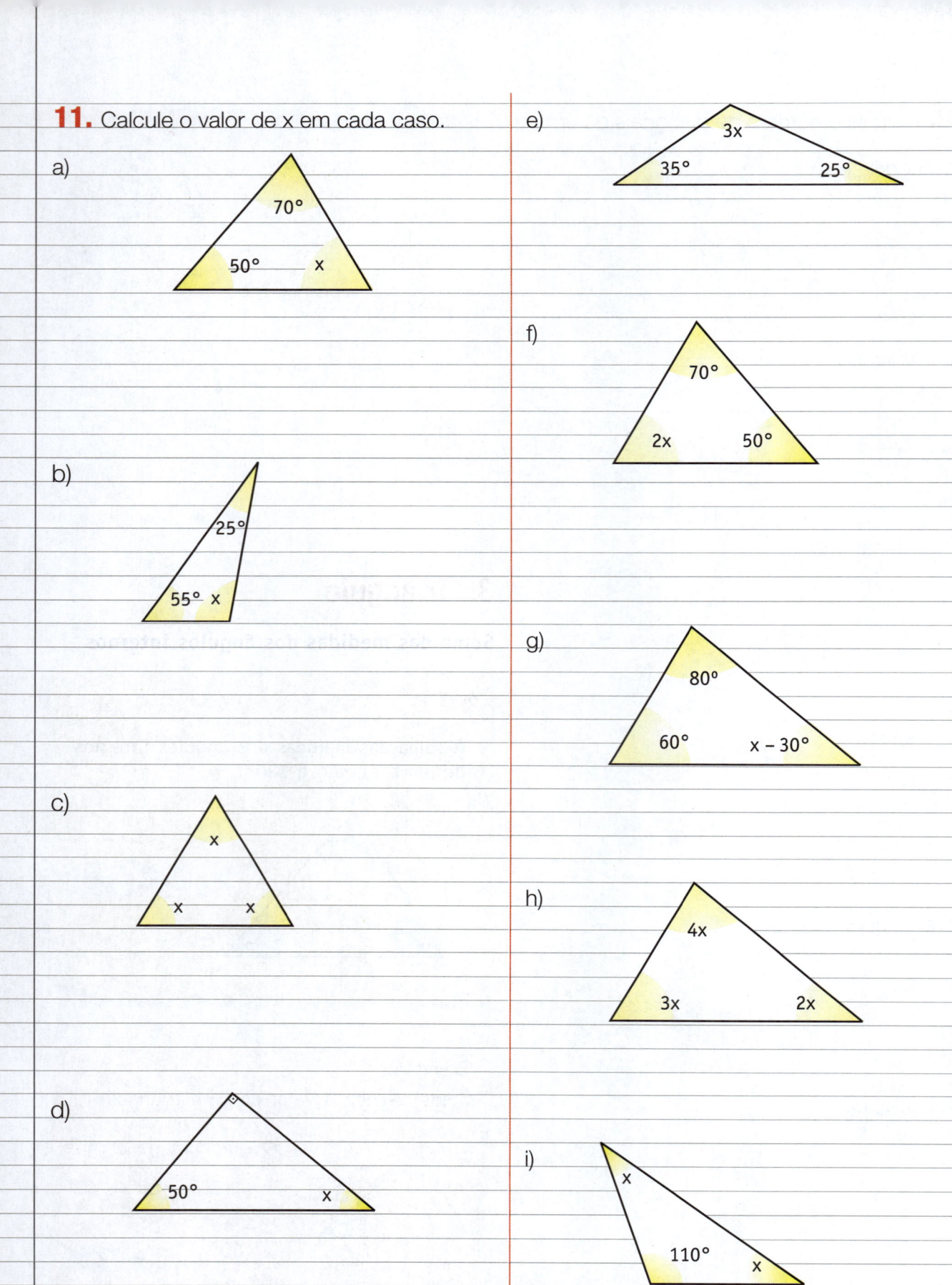

**11.** Calcule o valor de x em cada caso.

a) 70°, 50°, x

b) 25°, 55°, x

c) x, x, x

d) 90°, 50°, x

e) 3x, 35°, 25°

f) 70°, 2x, 50°

g) 80°, 60°, x − 30°

h) 4x, 3x, 2x

i) x, 110°, x

j) Triângulo com ângulos 80°, 40° e x − 10°.

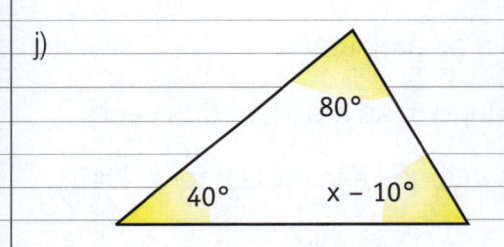

k) Triângulo com ângulos x, x + 30° e 70°.

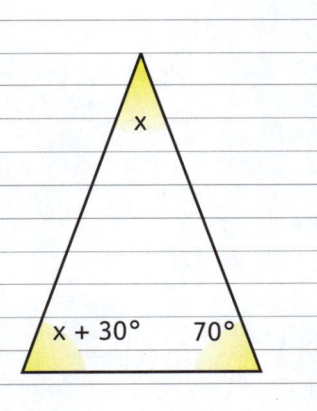

l) Triângulo retângulo com ângulos 2x, x e 90°.

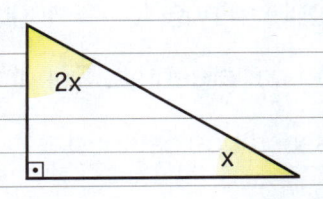

m) Triângulo com ângulos x + 30°, 3x e 2x.

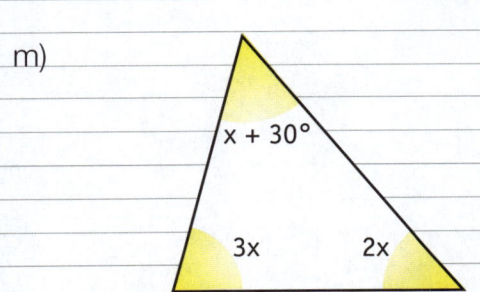

n) Triângulo com ângulos 5x, 4x e 3x.

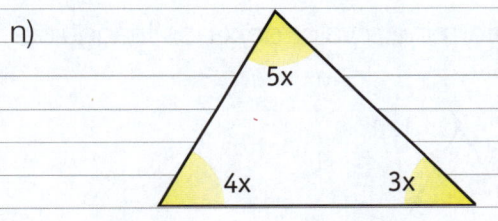

o) Triângulo com ângulos 6x, 6x e 6x.

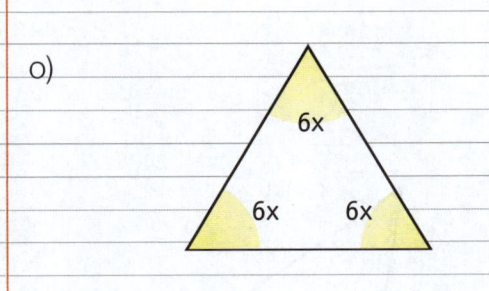

**Ângulo externo de um triângulo**

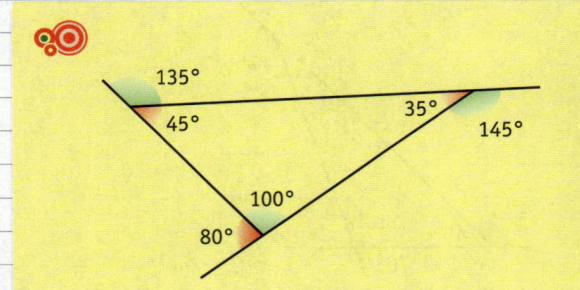

Observe: os ângulos externos de um triângulo são suplementares ao seu interno correspondente.

Exemplo:
Vamos determinar a medida do ângulo x.

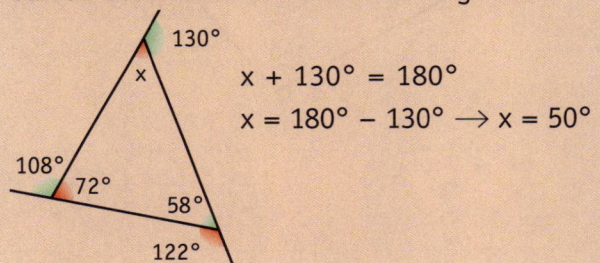

$x + 130° = 180°$
$x = 180° − 130° \rightarrow x = 50°$

73

**11.** Determine o valor de x nos triângulos.

a) 

120°

x    x

b)

x + 10°

2x + 30°

x

c)

155°
x
135°
45°
110°
70°

d)

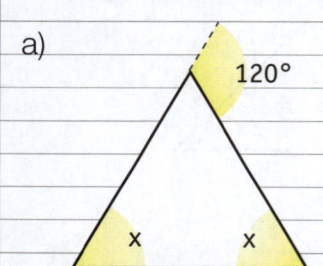

151°
29°
x
130°
150°
30°

**12.** Resolva os problemas.

a) Num triângulo, as medidas dos seus ângulos internos são dadas por x + 40°, x + 20° e 2x. Determine as medidas desses ângulos.

b) Num triângulo retângulo, os ângulos agudos são congruentes. Quanto medem esses ângulos agudos?

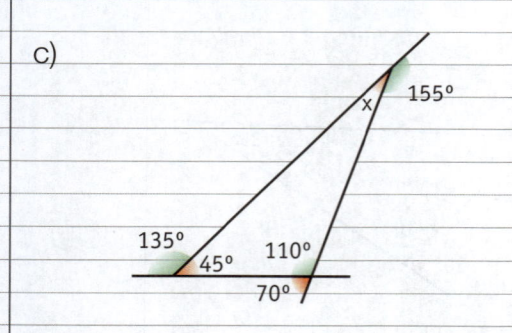

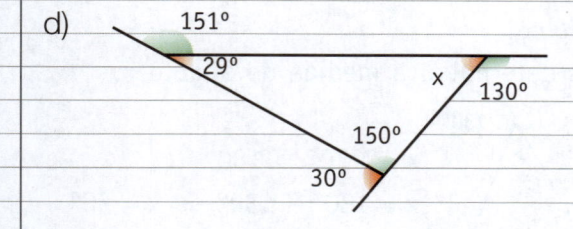

c) Num triângulo isósceles, as medidas de seus ângulos são dadas por x, x e 4x. Quanto medem esses ângulos?

e) Em um triângulo, o ângulo obtuso mede 120° e um ângulo agudo mede o triplo do outro. Quanto medem esses ângulos?

d) Num triângulo retângulo, um ângulo agudo vale o dobro do outro. Quanto medem esses ângulos?

f) As medidas dos ângulos de um triângulo são números naturais consecutivos. Qual o valor desses ângulos?

**Sugestão:** números consecutivos: x, x + 1°, x + 2°.

g) As medidas dos ângulos de um triângulo são números pares consecutivos. Qual o valor desses ângulos?

**Sugestão**: pares consecutivos: x, x + 2°, x + 4°

h) Quais são os ângulos de um triângulo retângulo cujos ângulos agudos são expressos por x + 10° e 3x?

i) Num triângulo, o ângulo obtuso vale 120° e os outros são expressos por x + 50° e x. Quais são esses ângulos?

j) Os ângulos de um triângulo são expressos por 3x, x + 10° e 2x + 50°. Quais são esses ângulos?

## 4. Congruência de triângulos

Nos triângulos ABC e MNP, podemos perceber que seus três lados e seus três ângulos são respectivamente congruentes, ou seja, têm medidas iguais.

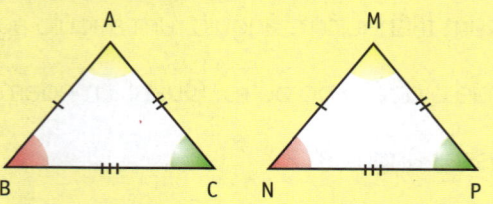

É fácil verificar, por superposição, que esses triângulos coincidem, como mostra a figura seguinte.

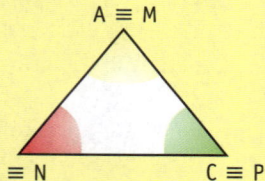

Triângulos congruentes são aqueles cujos lados e ângulos são respectivamente congruentes. Indicamos: △ABC ≡ △MNP.

**Casos de congruência**

Para verificar se dois triângulos são congruentes, basta verificar a congruência de três elementos, numa certa ordem.

### 1º caso — L.L.L. (lado, lado, lado)

Dois triângulos que têm os três lados correspondentes respectivamente congruentes são congruentes.

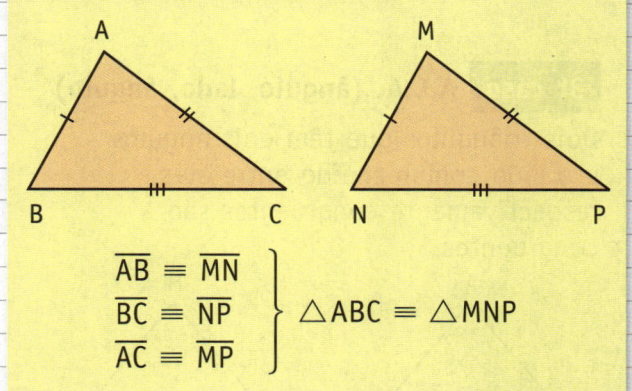

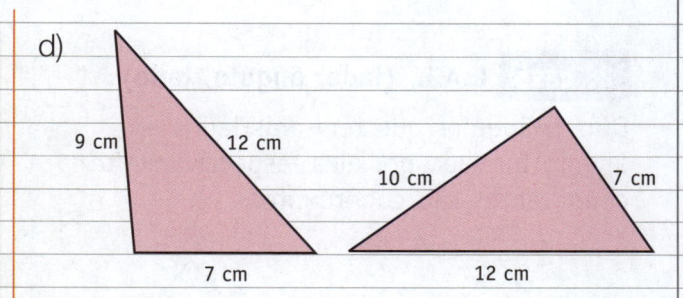

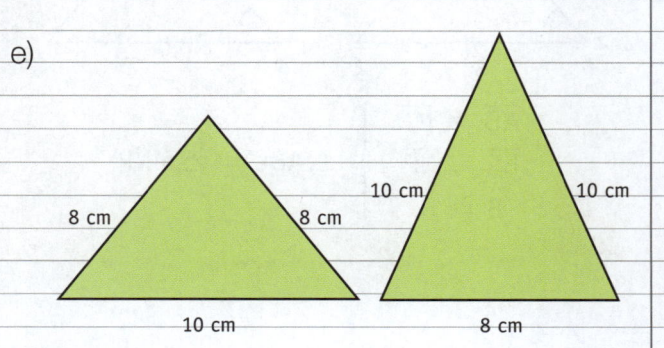

$\overline{AB} \equiv \overline{MN}$
$\overline{BC} \equiv \overline{NP}$
$\overline{AC} \equiv \overline{MP}$
$\Bigg\}$ $\triangle ABC \equiv \triangle MNP$

**13.** Assinale as alternativas nas quais há pares de triângulos congruentes.

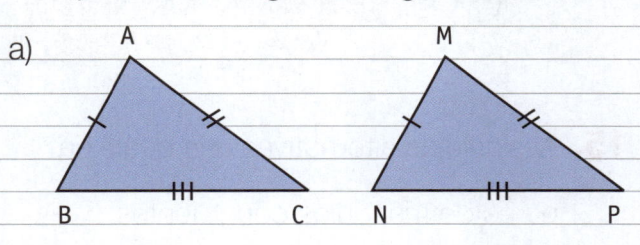

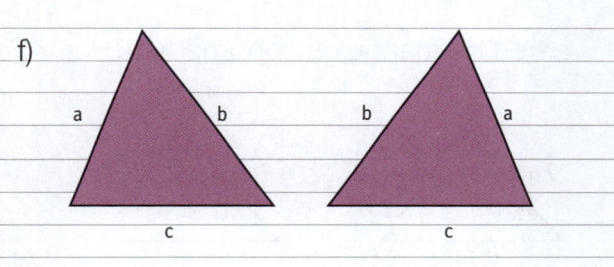

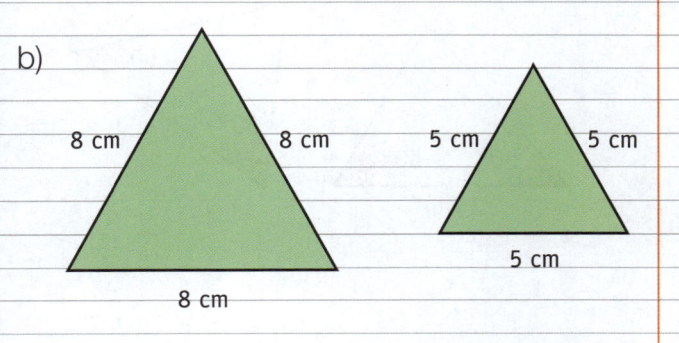

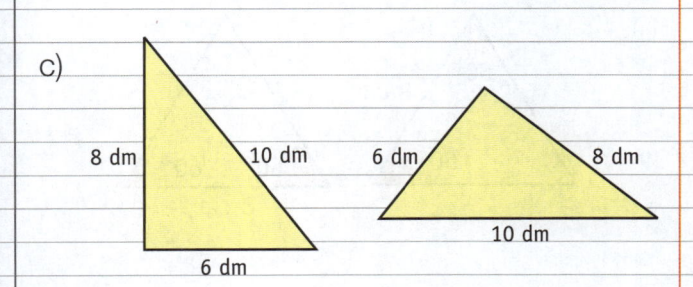

a)

b)

c)

d)

e)

f)

### 2º caso — L.A.L. (lado, ângulo, lado)

Dois triângulos que têm dois lados e o ângulo formado por eles respectivamente congruentes são congruentes.

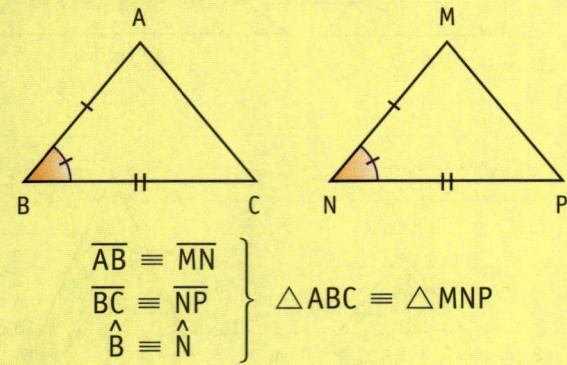

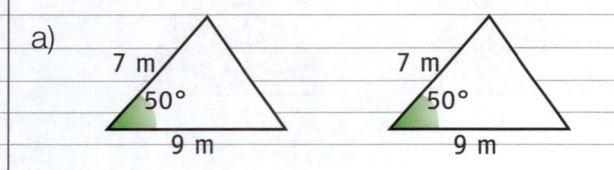

$$\left.\begin{array}{l}\overline{AB} \equiv \overline{MN}\\ \overline{BC} \equiv \overline{NP}\\ \hat{B} \equiv \hat{N}\end{array}\right\} \triangle ABC \equiv \triangle MNP$$

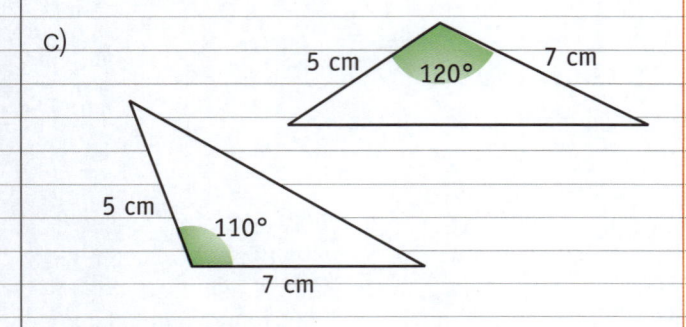

d) 10 dm, 60°, 12 dm ; 12 dm, 60°, 10 dm

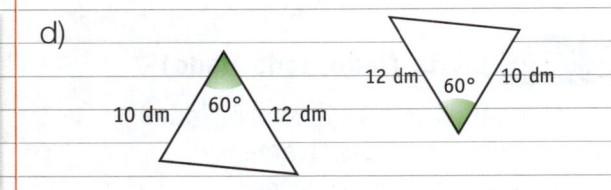

### 3º caso — A.L.A. (ângulo, lado, ângulo)

Dois triângulos que têm dois ângulos e o lado compreendido entre eles respectivamente congruentes são congruentes.

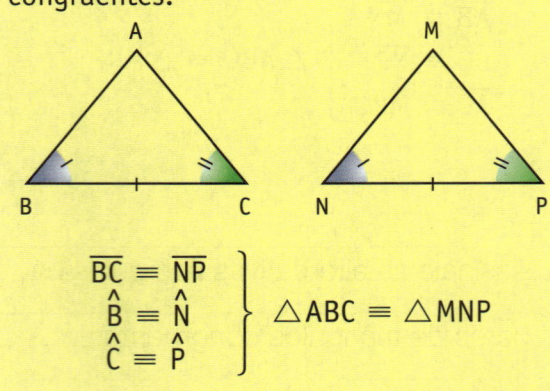

$$\left.\begin{array}{l}\overline{BC} \equiv \overline{NP}\\ \hat{B} \equiv \hat{N}\\ \hat{C} \equiv \hat{P}\end{array}\right\} \triangle ABC \equiv \triangle MNP$$

**14.** Assinale as alternativas nas quais há pares de triângulos congruentes.

a) 7 m, 50°, 9 m ; 7 m, 50°, 9 m

b) 4 m, 3 m (ângulo reto) ; 3 m, 4 m (ângulo reto)

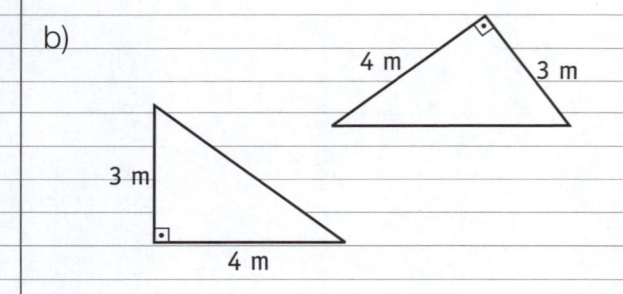

c) 5 cm, 120°, 7 cm ; 5 cm, 110°, 7 cm

**15.** Assinale as alternativas nas quais há pares de triângulos congruentes:

a) 50°, 60°, 10 m ; 60°, 50°, 10 m

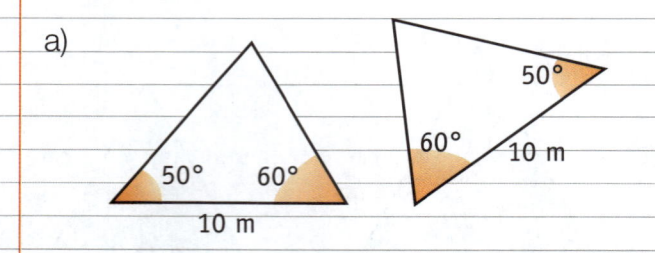

b) 60°, 8 cm, 60° ; 60°, 60°, 8 cm

78

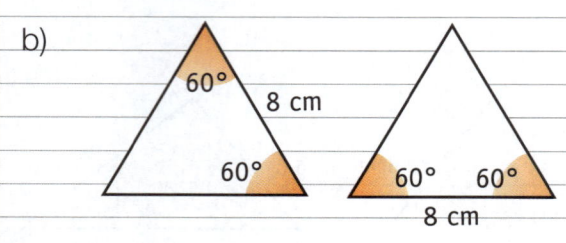

c) [triângulo retângulo com 10 m, 60°; outro triângulo retângulo com 5 m, 60°]

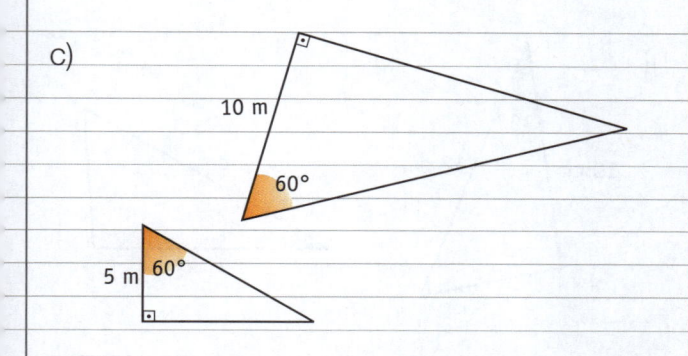

d) [triângulo com 12 m, 30°, 120°; outro triângulo com 12 m, 50°, 70°]

b) [triângulo retângulo com 30°, 12 m; outro triângulo retângulo com 12 m, 50°]

c) [triângulo com 30°, 5 dm, 120°; outro triângulo com 120°, 5 dm, 30°]

d) [triângulo equilátero com 60°, 60°, 60°, 9 cm; outro triângulo equilátero 60°, 60°, 7 cm]

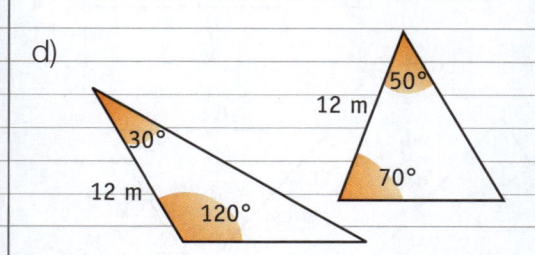

**4º caso** **L.A.A₀.** (lado, ângulo, ângulo oposto)

Dois triângulos que têm um lado, um ângulo adjacente e o ângulo oposto a esse lado respectivamente congruentes são congruentes.

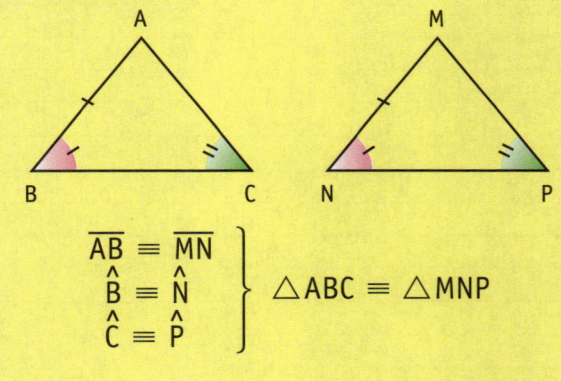

$\overline{AB} \equiv \overline{MN}$
$\hat{B} \equiv \hat{N}$  $\}$  $\triangle ABC \equiv \triangle MNP$
$\hat{C} \equiv \hat{P}$

**16.** Assinale as alternativas nas quais há pares de triângulos congruentes.

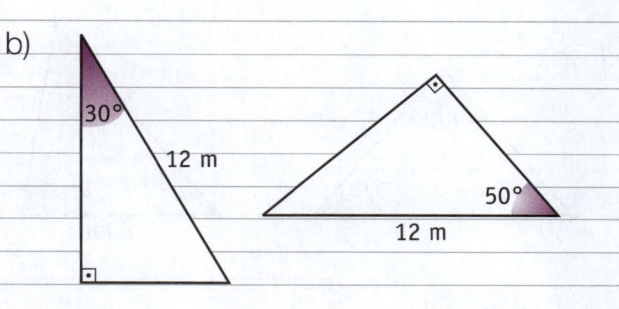

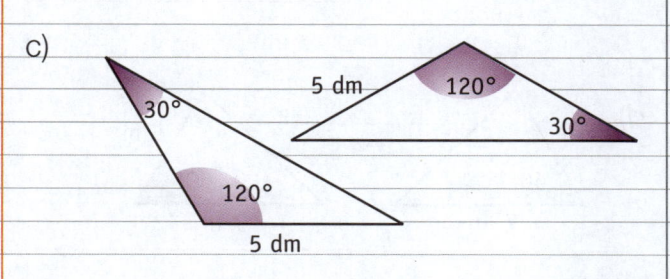

a) [triângulo com 50°, 70°, 8 cm; outro com 50°, 70°, 8 cm]

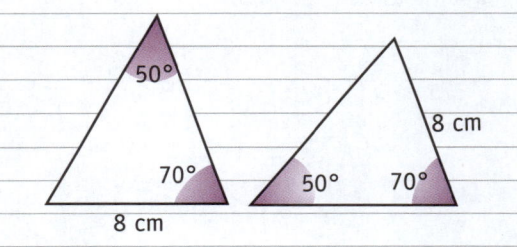

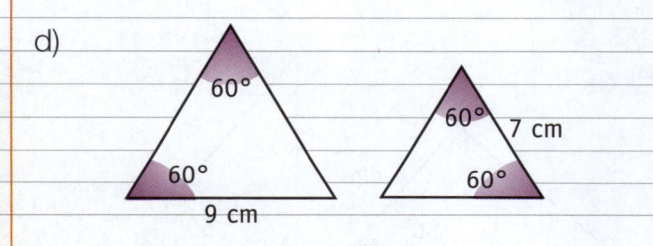

**17.** Escreva nos quadros, em cada item, o caso de congruência, ou seja: L.L.L. ou L.A.L. ou A.L.A. ou L.A.A₀..

a) [triângulo com 5 m, 8 m, 6 m; outro com 5 m, 6 m, 8 m]

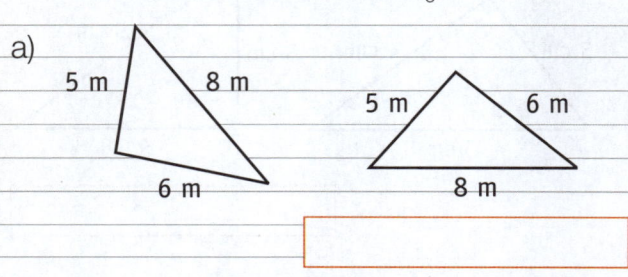

b) [triângulo retângulo com 12 dm, 30°; outro triângulo retângulo com 30°, 12 dm]

79

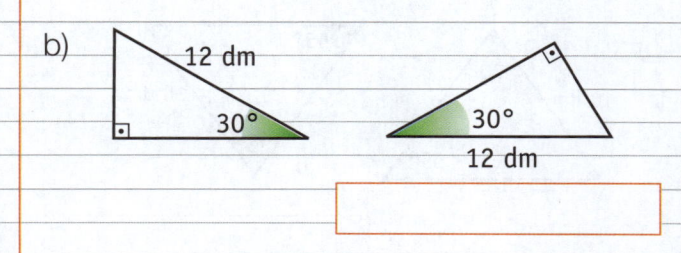

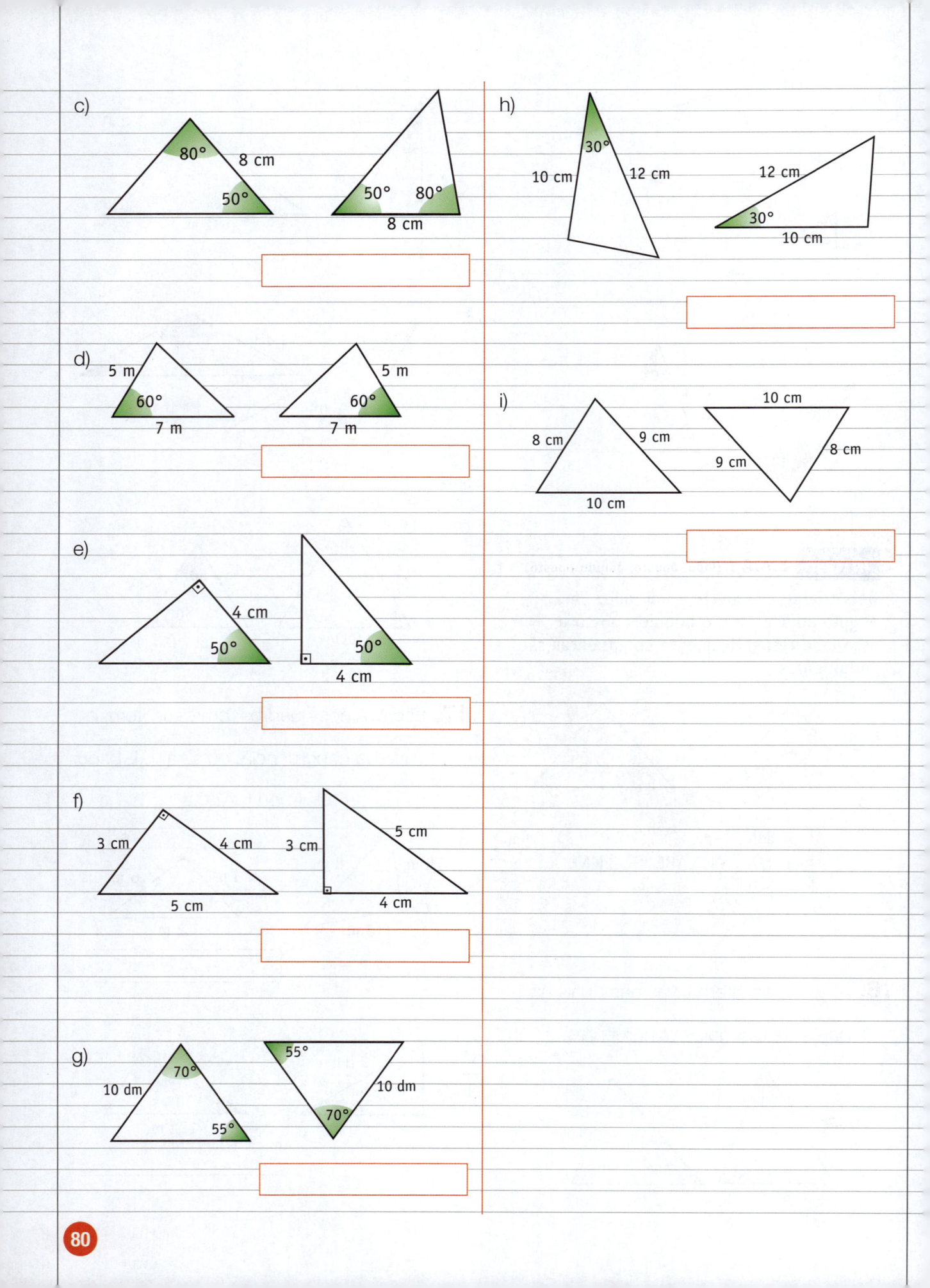

c)

d)

e)

f)

g)

h)

i)

# 5. Pontos notáveis de um triângulo

## Mediana

Mediana é o segmento com extremidades em um dos vértices e no ponto médio do lado oposto a esse vértice.

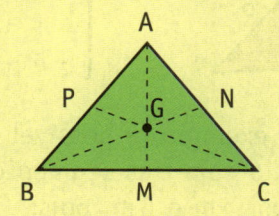

$\overline{AM}$ → mediana relativa ao lado $\overline{BC}$
$\overline{BN}$ → mediana relativa ao lado $\overline{AC}$
$\overline{CP}$ → mediana relativa ao lado $\overline{AB}$

As medianas de um triângulo interceptam-se num mesmo ponto chamado **baricentro** (G).

## Altura

Altura é o segmento perpendicular a um lado (base) ou seu prolongamento, com extremidades nessa base e no vértice oposto.

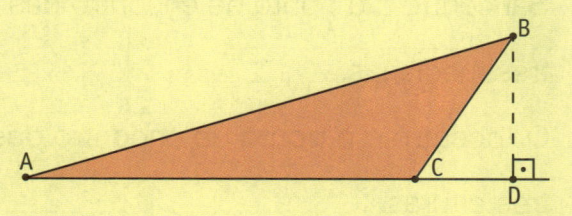

BD é a altura relativa ao lado AC.

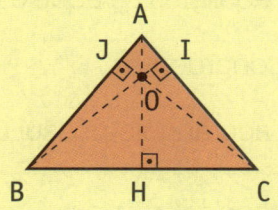

$\overline{AH}$ → altura relativa ao lado $\overline{BC}$
$\overline{BI}$ → altura relativa ao lado $\overline{AC}$
$\overline{CJ}$ → altura relativa ao lado $\overline{AB}$

As alturas de um triângulo (ou retas suportes) interceptam-se num mesmo ponto chamado **ortocentro** (O).

## Bissetriz de um triângulo

Bissetriz é o segmento que passa por um vértice do triângulo e divide o ângulo interno em dois ângulos congruentes.

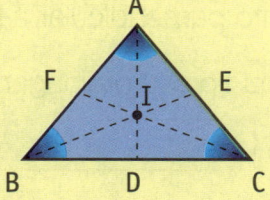

$\overline{AD}$ → bissetriz relativa ao ângulo $\hat{A}$
$\overline{BE}$ → bissetriz relativa ao ângulo $\hat{B}$
$\overline{CF}$ → bissetriz relativa ao ângulo $\hat{C}$

As bissetrizes de um triângulo interceptam-se num mesmo ponto chamado **incentro** (I).

**18.** Assinale as alternativas cujas sentenças são verdadeiras.

a) Incentro é o ponto de encontro das três bissetrizes.

b) Baricentro é o ponto de encontro das três medianas.

c) Ortocentro é o ponto de encontro das três alturas.

d) Triângulo equilátero é aquele cujos lados são não congruentes.

e) Triângulo acutângulo possui um ângulo reto.

f) Triângulo isósceles possui dois lados congruentes.

**19.** Complete as sentenças de modo que sejam verdadeiras.

a) O segmento que divide o ângulo interno de um triângulo em dois ângulos iguais chama-se _____.

b) O segmento perpendicular à base de um triângulo ou ao seu prolongamento chama-se _____.

c) O segmento com extremidades no vértice de um triângulo e no ponto médio do lado oposto a esse vértice chama-se _____.

# 6. Condição de existência de um triângulo

Só é possível construir um triângulo se a medida de qualquer lado for menor que a soma das medidas dos outros dois.

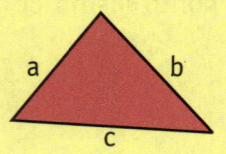

$$\begin{cases} a < b + c \\ b < a + c \\ c < b + a \end{cases}$$

Assim, por exemplo, é possível construir um triângulo com três segmentos de medidas 3 m, 4 m e 6 m, pois:

$$\begin{cases} 3 < 4 + 6 \text{ (V)} \\ 4 < 3 + 6 \text{ (V)} \\ 6 < 4 + 3 \text{ (V)} \end{cases}$$

**20.** Verifique se as medidas dadas em cada item possibilitam a construção de um triângulo.

a) 4 m, 3 m e 5 m

b) 2 m, 10 m e 5 m

c) 1 m, 1 m e 1 m

d) 7 m, 4 m e 10 m

e) 8 m, 8 m e 10 m

f) 5 m, 3 m e 1 m

g) 10 m, 5 m e 5 m

h) 2 m, 2 m e 3 m

## 7. Quadriláteros

Quadrilátero é um polígono de quatro lados.
Considere o quadrilátero ABCD.

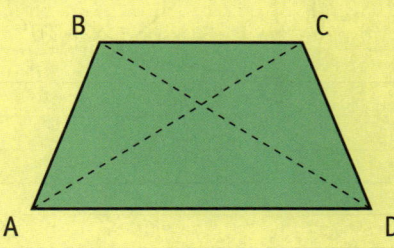

Os lados $\overline{AB}$ e $\overline{CD}$, $\overline{AD}$ e $\overline{BC}$ são opostos, pois são segmentos não consecutivos.
Os ângulos $\hat{A}$ e $\hat{C}$, $\hat{B}$ e $\hat{D}$ são opostos, pois não são consecutivos.
Os segmentos $\overline{AC}$ e $\overline{BD}$ são diagonais.

**21.** Responda.

a) Quantas diagonais tem um quadrilátero?

b) Quantos são os lados de um quadrilátero?

c) Quantos são os vértices de um quadrilátero?

d) Como são chamados os ângulos não consecutivos de um quadrilátero?

e) A diagonal de um quadrilátero divide-o em dois outros polígonos. Qual o nome desses polígonos?

**22.** Assinale as alternativas verdadeiras.

a) Num quadrilátero o número de lados é sempre igual ao número de vértices.

b) Um quadrilátero tem duas diagonais.

c) O número de diagonais de um quadrilátero é igual ao número de vértices.

## Soma das medidas dos ângulos internos de um quadrilátero

Considere o quadrilátero ABCD e uma de suas diagonais.

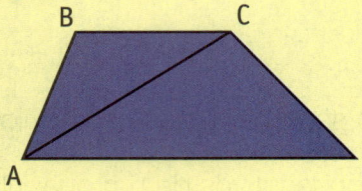

A diagonal AC divide o quadrilátero em dois triângulos: △ ABC e △ ADC.

Como a soma das medidas dos ângulos internos de um triângulo é igual a 180°, podemos concluir que a soma das medidas dos ângulos internos de um quadrilátero é igual a 2 · 180° = 360°.

Exemplos:

1) Calcule o valor de x neste quadrilátero.

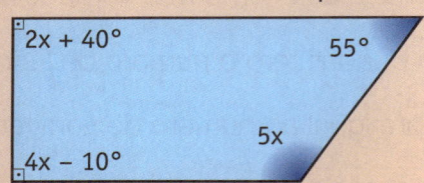

2x + 40° + 4x − 10° + 5x + 55° = 360°
11x = 275°
x = 25°

2) Calcule os ângulos internos.

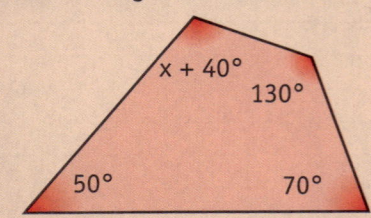

x + 40° + 130° + 50° + 70° = 360°
x = 360° − 290°
x = 70°

Então:
x + 40° = 70° + 40° = 110°

Resposta: Os ângulos internos medem 50°, 70°, 130° e 110°.

**22.** Calcule o valor de x nestes quadriláteros.

a) 120°, 120°, x, x

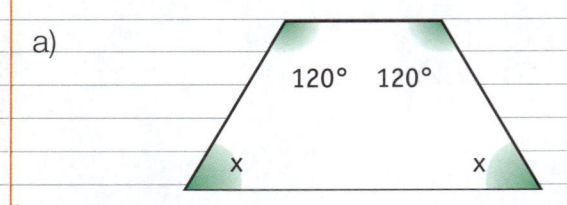

b) 30°, 140°, 50°, x

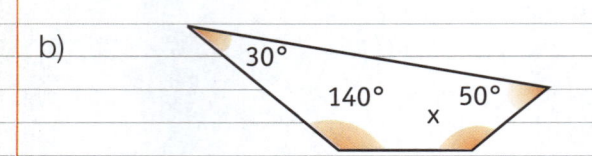

c) 2x, 4x, x + 10°, 3x − 20°

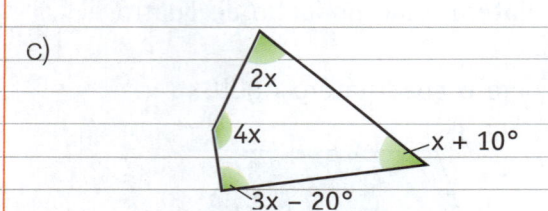

d) x, 130°, 115°, 70°

84

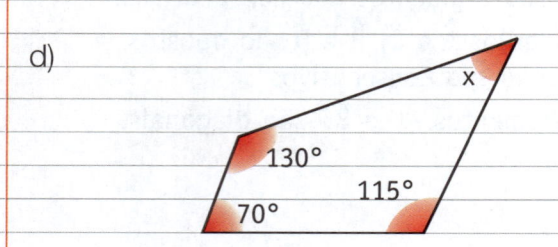

e) 3x, 4x, x + 10°, 2x

f) x, 3x, 40°, 60°

g) 2x, x, x, 2x

h) 60°, 3x, 3x, 60°

i) x, 60° (two right angles marked)

j) 2x − 30°, x + 20°, 110°, 110°

**23.** Determine os valores dos ângulos internos dos quadriláteros.

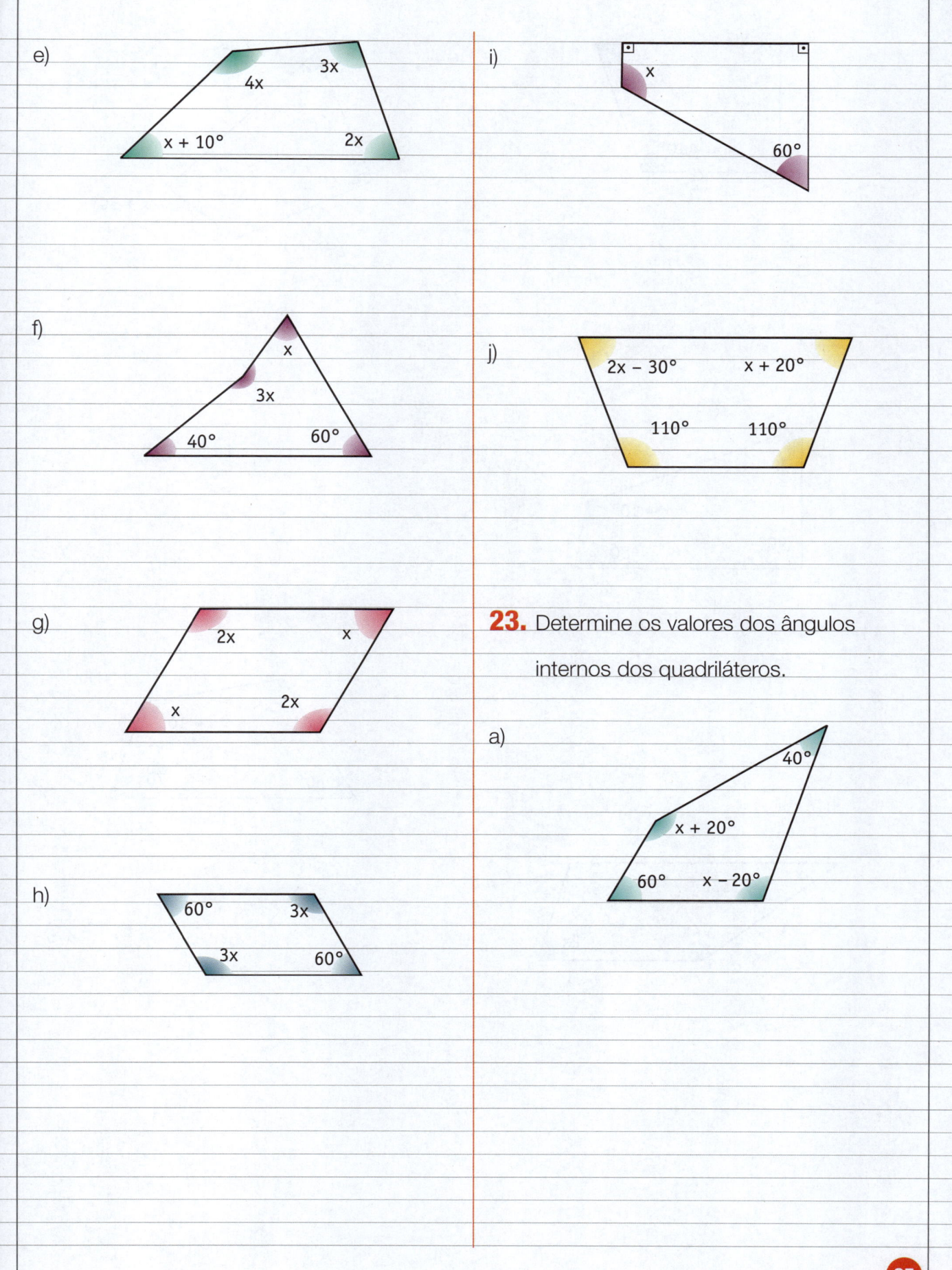

a) 40°, x + 20°, 60°, x − 20°

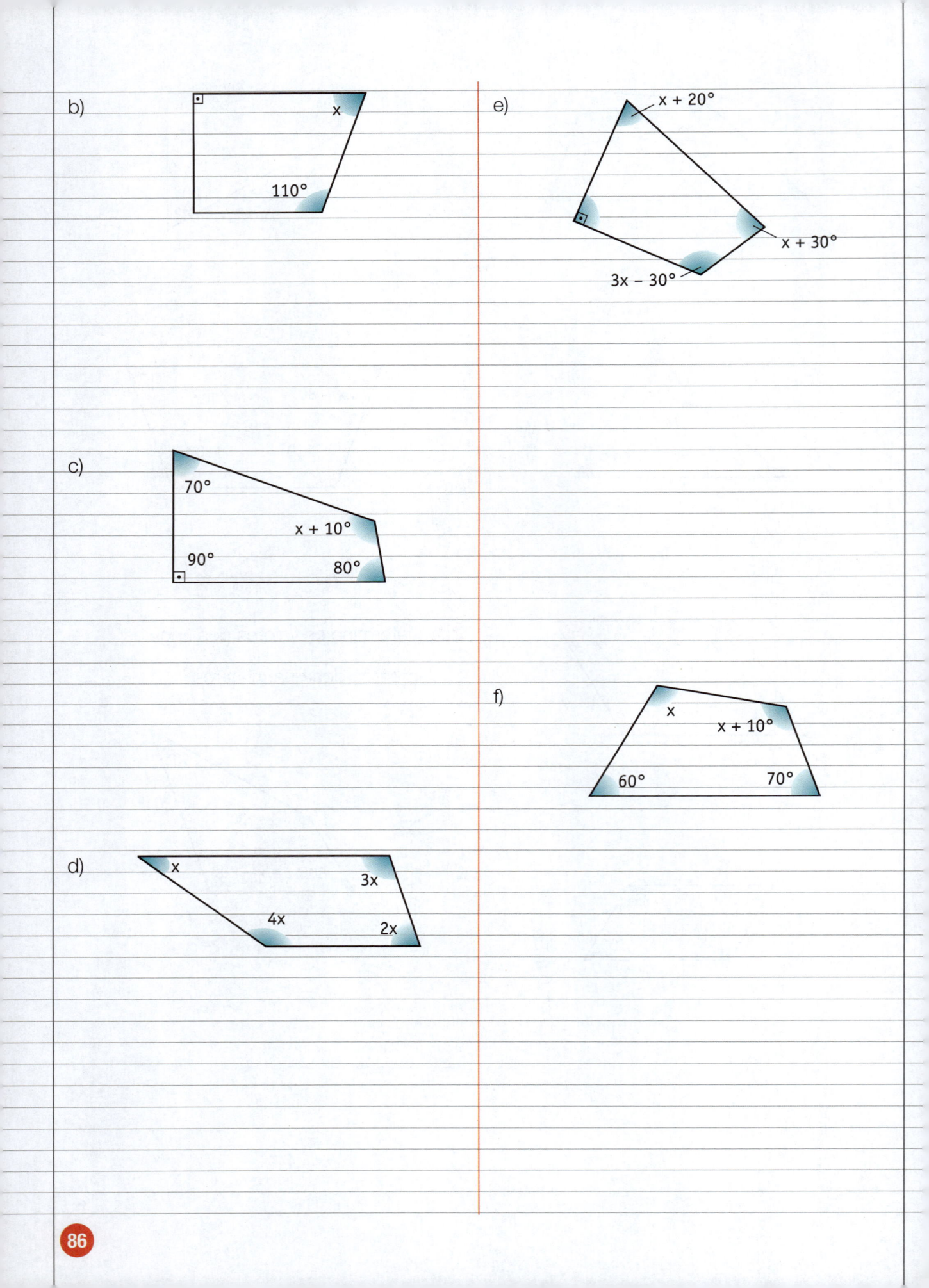

b)

□ 90°
x
110°

c)

70°
x + 10°
90°
80°

d)

x
3x
4x
2x

e)

x + 20°
□
x + 30°
3x − 30°

f)

x
x + 10°
60°
70°

# 8. Classificação dos quadriláteros

## Paralelogramos
São quadriláteros que têm os lados opostos paralelos.

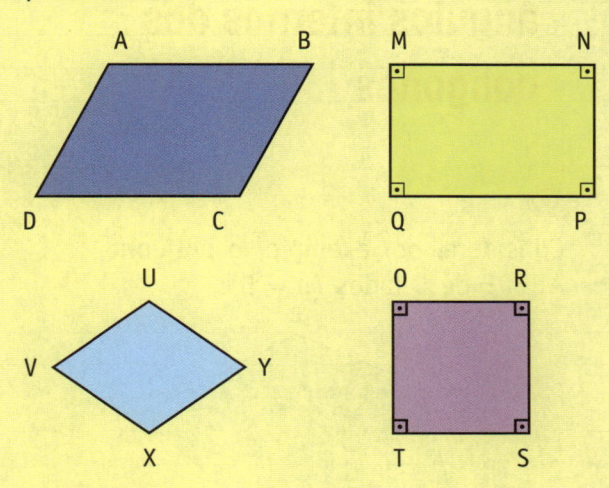

## Retângulo
É o paralelogramo que tem os quatro ângulos internos retos.

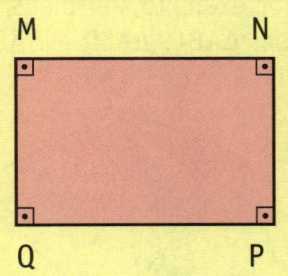

$m(\hat{M}) = m(\hat{N}) = m(\hat{P}) = m(\hat{Q}) = 90°$

## Losango
É o paralelogramo que tem os quatro lados congruentes.

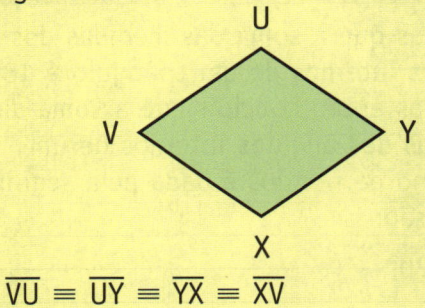

$\overline{VU} \equiv \overline{UY} \equiv \overline{YX} \equiv \overline{XV}$

## Quadrado
É o paralelogramo que tem os quatro ângulos internos retos e os lados congruentes.

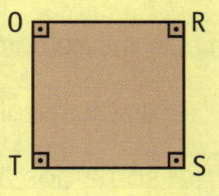

$m(\hat{O}) = m(\hat{R}) = m(\hat{S}) = m(\hat{T}) = 90°$
$\overline{OR} \equiv \overline{RS} \equiv \overline{ST} \equiv \overline{TO}$

## Trapézios
São os quadriláteros que têm somente dois lados paralelos. Seja o trapézio ABCD.

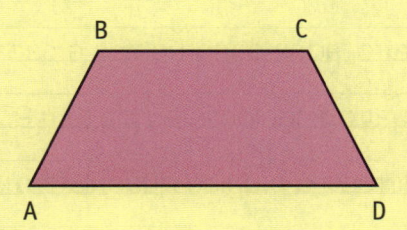

$\overline{AD} \parallel \overline{BC}$

Os lados $\overline{AD}$ e $\overline{BC}$ são, respectivamente, **base maior** e **base menor**.

### Classificação dos trapézios

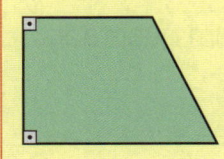

**Retângulo:** dois ângulos retos.

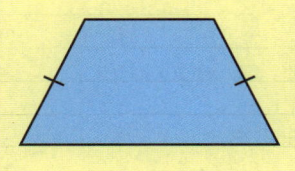

**Isósceles:** os lados não paralelos são congruentes.

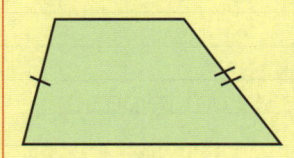

**Escaleno:** os lados não paralelos não são congruentes.

87

**24.** Assinale as alternativas cujas sentenças sejam verdadeiras.

a) Os paralelogramos possuem os lados opostos paralelos.

b) A soma dos ângulos internos do quadrado é igual a 180°.

c) A soma dos ângulos internos de um quadrilátero é igual a 360°.

d) Quadrado é o paralelogramo que possui os quatro lados congruentes e cada um dos quatro ângulos internos tem 90°.

e) O quadrado é o único quadrilátero que possui os quatro lados congruentes.

f) O losango possui os quatro ângulos internos iguais a 90°.

g) Todo quadrado é também um retângulo.

h) Todo retângulo é também um quadrado.

**6.** Assinale as alternativas cujas sentenças sejam verdadeiras.

a) Num trapézio retângulo os lados não paralelos são congruentes.

b) Num trapézio isósceles as bases são congruentes.

c) Os lados não paralelos de um trapézio isósceles são congruentes.

d) Os quatro lados de um trapézio escaleno não são congruentes.

## 9. Soma das medidas dos ângulos internos dos polígonos

Considere, por exemplo, o polígono ABCDE de 5 lados (n = 5).

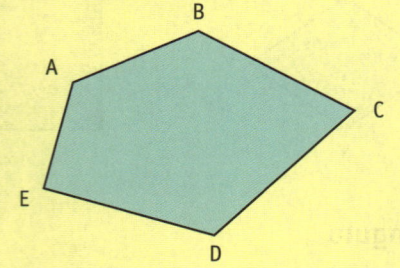

Unindo o vértice A aos vértices C e D, por exemplo, obtemos 3 triângulos: △ABC, △ACD e △ADE.

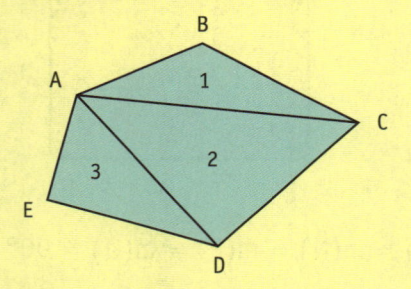

Observe que o polígono ficou decomposto em (n − 2) triângulos, ou seja, a quantidade de triângulos corresponde ao número de lados do polígono menos 2.

Sabemos que a soma das medidas dos ângulos internos de um triângulo é 180°. Podemos então concluir que a soma das medidas dos ângulos internos de um polígono de n lados é dada pela seguinte expressão:

$S_i = 180° \cdot (n - 2)$

> **Exemplo:**
> Calcule a soma das medidas dos ângulos internos de um hexágono (n = 6).
> $S_i = 180° \cdot (n - 2)$
> $S_i = 180° \cdot (6 - 2)$
> $S_i = 180° \cdot 4$
> $S_i = 720°$
> Resposta: A soma das medidas dos ângulos internos de um hexágono é 720°.

**25.** Calcule a soma dos ângulos internos dos seguintes polígonos.

a) Quadrilátero

b) Pentágono

c) Eneágono

d) Octógono

e) Decágono

f) Heptágono

g) Icoságono

i) Pentadecágono

j) Undecágono

> **Exemplo:**
> Qual é o polígono cuja soma das medidas dos ângulos internos é 720°?
> n = ?
> $S_i = 720°$
> $S_i = 180° \cdot (n - 2)$
> $720° = 180° \cdot (n - 2)$
> $(n - 2) = \dfrac{720°}{180°}$
> n − 2 = 4
> n = 4 + 2
> n = 6
> **Resposta:** O polígono é o hexágono.

**26.** Qual é o polígono cuja soma das medidas dos ângulos internos é:

a) 180°

b) 540°

c) 1 440°

d) 360°

e) 900°

f) 1 800°

g) 3240°

h) 1080°

## 10. Polígono regular

**Polígono regular**

Os polígonos que têm todos os lados congruentes e todos os ângulos congruentes chamam-se **polígonos regulares**.

Exemplos:

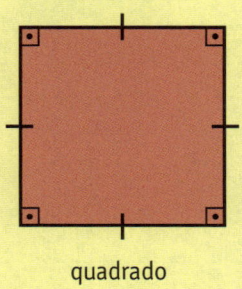

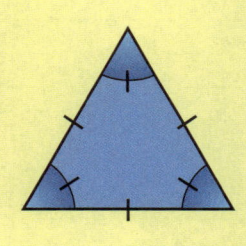

quadrado     triângulo equilátero

**Medida do ângulo interno do polígono regular**

Sendo:

$S_i \to$ soma das medidas dos ângulos internos

$a_i \to$ medida do ângulo interno

então: $a_i = \dfrac{S_i}{n}$

Exemplo:

Calcule a medida do ângulo interno do hexágono regular.

n = 6

$S_i = 180° \cdot (n - 2)$

$S_i = 180° \cdot (6 - 2)$

$S_i = 180° \cdot 4$

$S_i = 720°$

$a_i = \dfrac{S_i}{n}$

$a_i = \dfrac{720°}{6}$

$a_i = 120°$

Resposta: A medida do ângulo interno é 120°.

91

**27.** Calcule a medida do ângulo interno dos seguintes polígonos regulares.

a) Quadrado

b) Octógono

c) Decágono

d) Pentágono

e) Eneágono

f) Icoságono

## 11. Ângulo externo de um polígono regular

A soma das medidas dos ângulos externos ($S_e$) de um polígono convexo é igual a 360°.

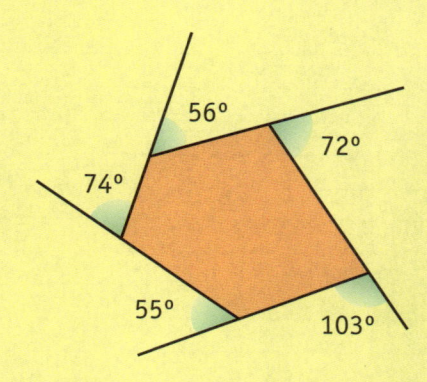

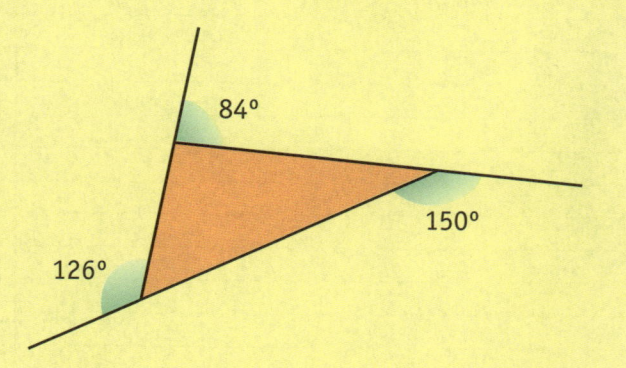

Sendo $a_e$ a medida do ângulo externo de um polígono convexo, temos:

$$a_e = \frac{S_e}{n} \quad \text{ou} \quad a_e = \frac{360°}{n}$$

**Exemplo:**
Qual é o polígono regular cujo ângulo externo mede 60°?

n = ?
$a_e = 60°$

$a_e = \dfrac{S_e}{n}$

$60° = \dfrac{360°}{n}$

$60° \cdot n = 360°$

$n = \dfrac{360°}{60°}$

n = 6

**Resposta:** É o hexágono regular.

**28.** Calcule a medida do ângulo externo do decágono regular.

**29.** Qual é a medida do ângulo externo do octógono regular?

**30.** Qual é o polígono regular cujo ângulo externo mede 72°?

**31.** Qual é o polígono regular cujo ângulo externo mede 40°?

**32.** Determine a medida do ângulo externo de um polígono regular de 16 lados.

**33.** Determine o polígono regular cujo ângulo externo mede 18°.

**34.** Calcule a medida do ângulo externo do pentadecágono regular.

Exemplo:
Quantos lados tem um polígono regular, sabendo que o ângulo interno é o dobro do ângulo externo?

$a_i = \dfrac{S_i}{n}$  $\qquad a_e = \dfrac{S_e}{n}$

$a_i = 2 \cdot a_e$

$\dfrac{S_i}{\not n} = 2 \cdot \dfrac{S_e}{\not n}$

$S_i = 2 \cdot S_e$

$180°(n-2) = 2 \cdot 360°$

$180°n - 360° = 720°$

$180°n = 1\,080°$

$n = \dfrac{1\,080°}{180°}$

$n = 6$

Resposta: O polígono tem seis lados.

**35.** Resolva os problemas.

a) Quantos lados tem um polígono regular, sabendo que o ângulo interno é o triplo do ângulo externo?

b) Num polígono regular, o ângulo interno excede em 90° o ângulo externo. Quantos lados tem esse polígono?

Sugestão: $a_i - a_e = 90°$

$$\frac{180°(n-2)}{n} - \frac{360°}{n} = 90°$$

c) Determine qual é o polígono regular cuja soma das medidas dos ângulos internos excede a soma das medidas dos ângulos externos em 180°.

Sugestão: $S_i - S_e = 180°$

$180°(n-2) - 360° = 180°$

d) Num polígono regular, a soma das medidas dos ângulos internos excede a soma das medidas dos ângulos externos em 540°. Qual é esse polígono?

## 12. Semelhança de polígonos

> Dois polígonos são semelhantes quando os lados correspondentes são **proporcionais** e os ângulos correspondentes são **congruentes** (apresentam mesma medida).

Exemplos:
1) Vamos verificar se estes hexágonos são semelhantes.

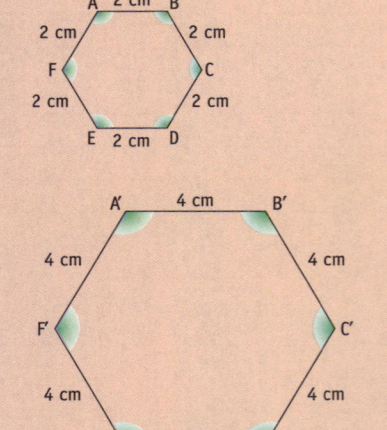

$\begin{cases} \text{med}(\hat{A}) = 120° \\ \hat{A} \equiv \hat{B} \equiv \hat{C} \equiv \hat{D} \equiv \hat{E} \equiv \hat{F} \end{cases}$

e

$\begin{cases} \text{med}(\hat{A}') = 120° \\ \hat{A}' \equiv \hat{B}' \equiv \hat{C}' \equiv \hat{D}' \equiv \hat{E}' \equiv \hat{F}' \end{cases}$

Portanto:
hexágono ABCDEF ~ hexágono A'B'C'D'E'F'.

$\dfrac{AB}{A'B'} = \dfrac{BC}{B'C'} = \dfrac{CD}{C'D'} = \cdots \dfrac{FA}{F'A'} = \dfrac{2}{4} = \dfrac{1}{2}$

2) Vamos verificar se estes quadriláteros são semelhantes.

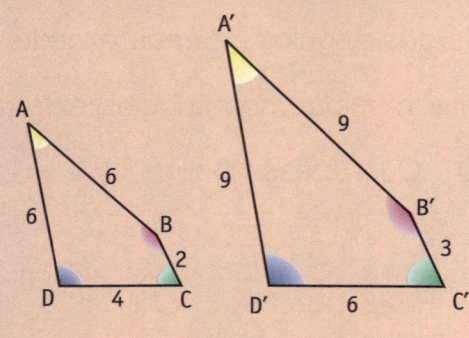

$\begin{cases} \text{med}(\hat{A}) = 30° \\ \text{med}(\hat{B}) = 165° \\ \text{med}(\hat{C}) = 65° \\ \text{med}(\hat{D}) = 100° \end{cases}$ e $\begin{cases} \text{med}(\hat{A}') = 30° \\ \text{med}(\hat{B}') = 165° \\ \text{med}(\hat{C}') = 65° \\ \text{med}(\hat{D}') = 100° \end{cases}$

Portanto: quadrilátero ABCD ~ quadrilátero A'B'C'D'.

$\dfrac{AB}{A'B'} = \dfrac{BC}{B'C'} = \dfrac{CD}{C'D'} = \dfrac{DA}{D'A'} = \dfrac{6}{9} = \dfrac{2}{3} = \dfrac{4}{6} = \dfrac{6}{9} = \boxed{\dfrac{2}{3}}$

Essa relação é chamada razão de semelhança, que indicaremos por k. Então, dois polígonos ABCD... e A'B'C'D'... semelhantes apresentam a seguinte razão de semelhança:

$$\dfrac{AB}{A'B'} = \dfrac{BC}{B'C'} = \dfrac{CD}{C'D'} = \cdots = k$$

**Importante:** Dois polígonos regulares, com a mesma quantidade de lados, são sempre semelhantes.

**36.** Assinale as sentenças verdadeiras.

a) Dois quadrados são sempre semelhantes.

b) Dois cilindros são sempre semelhantes. (Pense em uma lata de óleo e uma lata de goiabada.)

c) Dois retângulos são sempre semelhantes.

d) Dois pentágonos regulares são sempre semelhantes.

e) Dois hexágonos são sempre semelhantes.

---

**Exemplo:**
Você já deve ter visto a maquete de um prédio. Suponha que a maquete de 80 cm de altura seja semelhante a um edifício de 64 m de altura. Responda:

a) Em que escala foi construída a maquete? (Não se esqueça de passar as alturas para a mesma unidade, ou seja, 64 m = 6 400 cm, e só depois dividi-las).

Escala: $\dfrac{80 \text{ cm}}{6\,400 \text{ cm}} = \dfrac{8}{640} = \dfrac{1}{80} \rightarrow 1:80$

b) Qual a altura da porta do elevador do prédio se, na maquete, ela é de 3 cm?
altura (real) = 3 cm · 80 = 240 cm = = 2,4 m

c) Qual a largura do prédio se, na maquete, ela é de 3 m?
largura (real) = 3 m · 80 = 240 m

d) Usando essa mesma escala, qual seria a altura da maquete de um prédio de 90 m de altura?
altura (maquete) = $\dfrac{90 \text{ m}}{80}$ = 1,125 m = = 112,5 cm

---

**37.** Você já deve ter visto miniaturas de automóveis. Elas são semelhantes ao automóvel de verdade. Suponha que a miniatura seja construída na escala 1 : 40. Responda:

a) Qual o comprimento do carro se a miniatura mede 10 cm de comprimento?

b) Se o carro tem 1,60 m de largura, qual a largura da miniatura?

**38.** Assinale as sentenças verdadeiras.

a) Dois triângulos retângulos são sempre semelhantes.

b) Dois triângulos equiláteros são sempre semelhantes.

c) Dois triângulos isósceles são sempre semelhantes.

d) Dois retângulos podem ser semelhantes.

e) Dois polígonos regulares com o mesmo número de lados são sempre semelhantes.

f) Dois polígonos regulares com o mesmo número de diagonais são sempre semelhantes.

g) Dois cubos quaisquer são sempre semelhantes.

> Estes três triângulos, desenhados sobrepostos, são semelhantes. 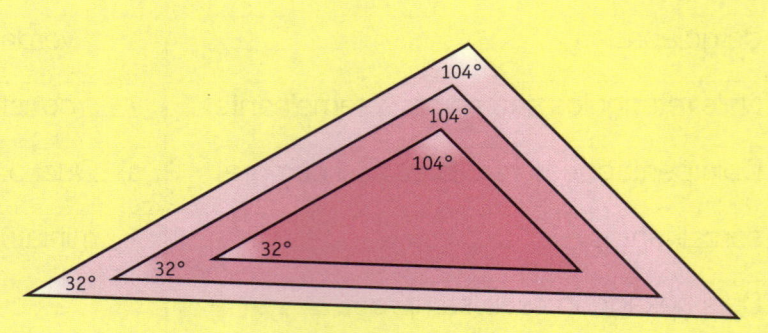
>
> Observe na figura que, para dois triângulos serem semelhantes, basta que apenas dois ângulos correspondentes sejam congruentes, pois o terceiro será necessariamente congruente, uma vez que a soma dos ângulos internos de um triângulo é 180°.
>
> Logo, podemos concluir que os lados correspondentes são proporcionais.

**39.** Determine o valor de x nos triângulos que seguem.

a)

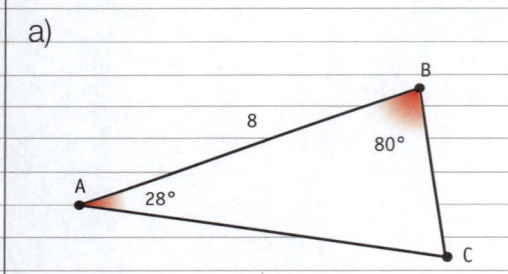

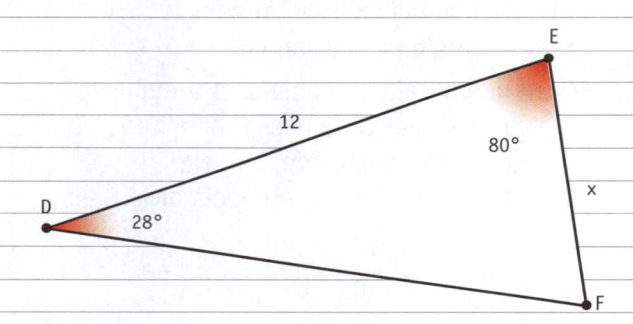

b)

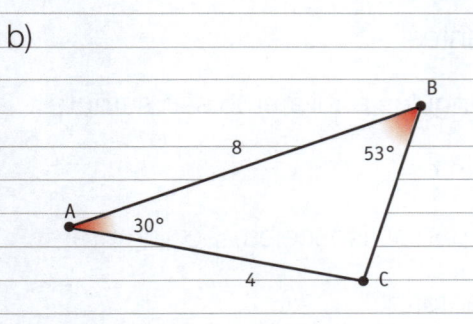

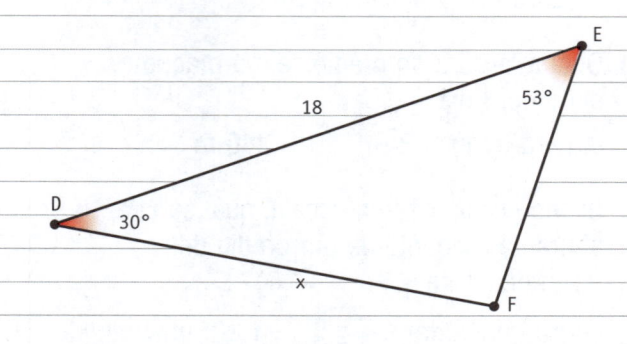

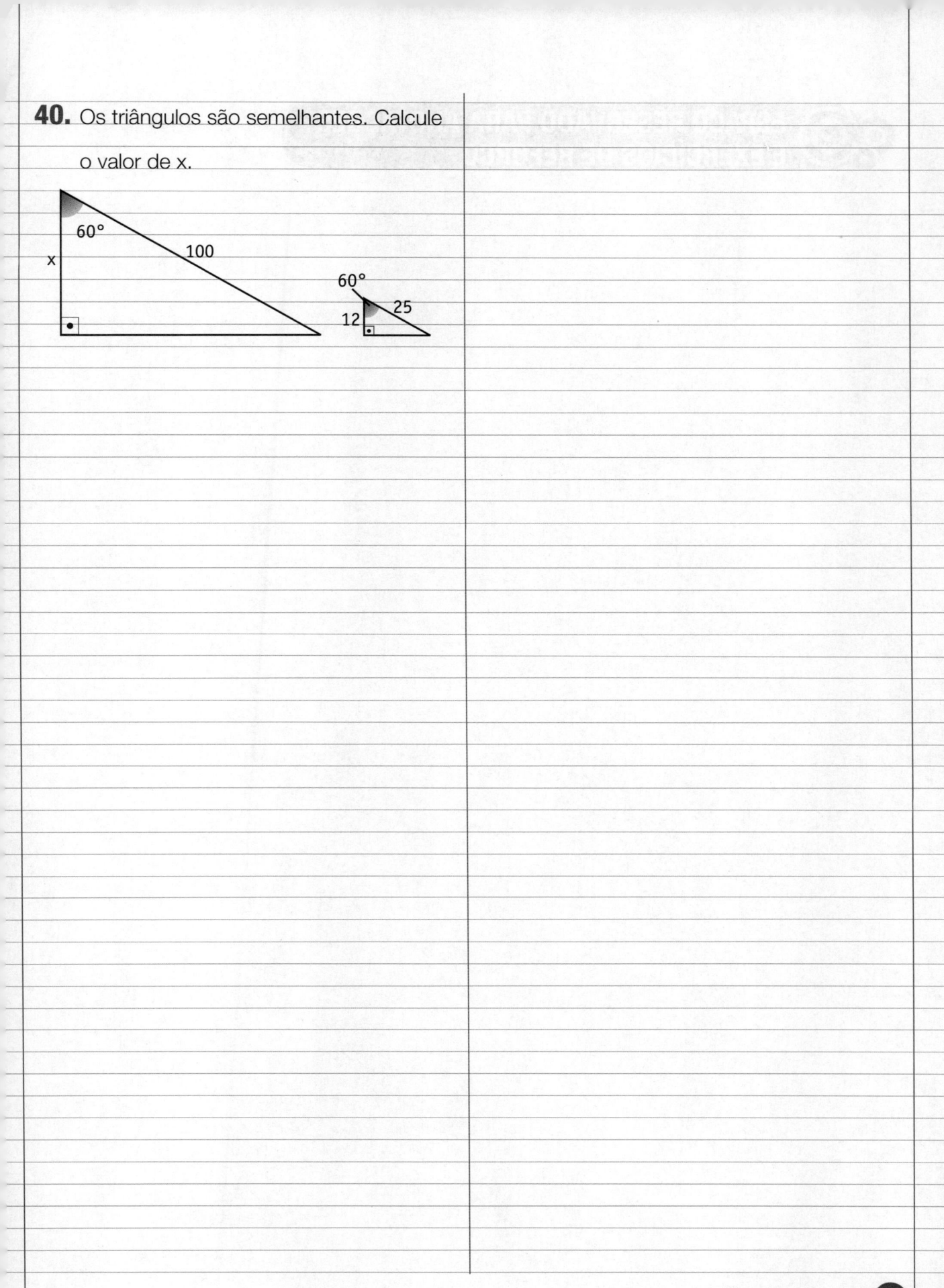

**40.** Os triângulos são semelhantes. Calcule o valor de x.

**ESPAÇO RESERVADO PARA ANOTAÇÕES E EXERCÍCIOS DE REFORÇO**